수학영재들의 **두뇌 트레이닝**을 위한

논리 퍼즐

류성림 · 지경구 · 박기훈 지음

머리말

우리는 일상생활에서 어떤 현상에 대해 "왜 이런 것일까?, 어떻게 하면 할 수 있을까?"라는 의문을 가집니다. 우리 조상들은 그런 현상을 문제의 형태로 만들어 옛날부터 "수수께끼"라고 부르면서 서로 맞히기 놀이를 해왔습니다. 그리고 수수께끼는 "퍼즐(Puzzle)"이라는 말로도 사용하고 있습니다. 최근에는 직소 퍼즐, 낱말 퍼즐, 수학 퍼즐 등과 같이 퍼즐이라는 말을 많이 사용합니다. 퍼즐의 사전적 정의로는 간단하게 '추리·판단 하는 문제'로 설명하고 있으며, 넓은 의미로는 '놀이로 풀어보는 모든 수수께끼'를 뜻합니다. 이와 비슷한 것으로 '퀴즈(Quiz)'가 있습니다. 퀴즈가 주로 출제자의 간단한 질문에 답하는 것으로 외우고 있는 지식이나 대답을 가늠해서 푸는 것에 비해, 퍼즐은 때에 따라 복잡한 추리를 필요로 하는 문제입니다.

예를 들어, "영재의 생일은 몇 월 며칠입니까?"라는 문제는 퀴즈입니다. 영재의 생일을 알고 있다면 대답할 수 있고, 모르고 있다면 대답할 수 없기 때문입니다. 그러나 "1년 중에서 한 가운데 날은 몇 월 며칠입니까?"라는 문제는 퍼즐입니다. 특히 수학 퍼즐에 속합니다. 왜냐하면, 그 날을 바로 모른다고 해도 1년(365일)의 한 가운데 날은 1월 1일부터 헤아리면 183일 뒤에 있고, 1월부터 6월까지 각각 날짜의 합계가 181일이 되기 때문에 7월 2일이라는 답을 구할 수 있습니다. 또 답을 구하지 못한다고 해도 그 답과 해결 과정을 들으면 이해할 수 있게 됩니다. 그러나 '퀴즈'와 '퍼즐'은 종종 혼용하여 사용되고 있으며, 모든 문제를 이처럼 명확히 구분할 수 있는 것은 아님에 유의해야 합니다.

퍼즐을 활용하는 이유는 여러 가지가 있습니다. 단순히 흥미를 돋우기 위해 활용하기도 하고, 두뇌를 훈련시켜 지능을 계발하기 위해 활용하기도 하며, 수학 퍼즐과 같이 특정한 학문의 문제해결 능력을 기르고 동기유발을 위해 활용하기도 합니다.

수학이라는 과목은 누구나 어려워하고 딱딱하게 여기는 경향이 있습니다. 그러나 퍼즐을 통해 수학에 접근하면 재미있게 어려운 문제를 쉽게 해결할 수 있는 합리적이고 논리적인 사고를 개발할 수도 있습니다. 수학 퍼즐은 단순히 계산만 하는 것이 아니라 스스로 문제를 분석하고 해결 방법을 추론하는 과정에서 논리적이고 비판적인 사고력 및 창의력을 기를 수 있는 수학적인 도전 과제입니다.

최근에는 수학 퍼즐을 지능 검사나 수학영재를 판별하고 선발할 때 많이 활용합니다. 그 이유는 교과서처럼 정형적인 문제보다는 수학 퍼즐 문제를 통해 다양한 수학적 아이디어를 요구할 수 있어 영재들의 창의성을 테스트하는데 적합하기 때문입니다.

수학 퍼즐을 통해 두 가지의 효과를 기대할 수 있습니다.

첫째, 이미 영재성과 창의성이 있다고 판별된 영재들의 잠재력을 더욱 계발시킬 수 있습니다.

둘째, 지금은 크게 두각을 나타내지 않는 평범한 학생도 수학 퍼즐을 통해 영재성과 창의성을 충분히 기를 수 있다는 것입니다.

현대의 영재교육의 개념은 영재를 단지 발굴하는데 그치지 않고 영재의 잠재력을 마음껏 발휘하도록 교육적 환경을 마련해주고 우수한 프로그램이나 교수·학습 자료로 교육시키는 것입니다. 이 책이 영재들의 잠재력을 발산하게 할 수 있는 유용한 교육 자료가 될 것이라 확신합니다.

수학 퍼즐은 크게 분류하자면, 숫자를 이용한 숫자 퍼즐, 도형으로 이루어진 도형 퍼즐, 수학적인 논리가 필요한 논리 퍼즐 등이 있습니다. 이 퍼즐 시리즈는 수학 퍼즐의 분류에 따라 숫자 퍼즐, 도형 퍼즐, 논리 퍼즐로 나누어 3권으로 구성되었습니다.

숫자 퍼즐은 대부분 정수의 성질을 이용한 것입니다. 물론 정수의 성질을 이용하지 않은 것도 없진 않지만 사람들의 눈길을 끌고 재미를 유발하기 쉬운 '정수' 부분이 많이 발달했을 것이라 생각합니다. 그리고 그 유형으로는 크게 수의 규칙 퍼즐, 연산 퍼즐, 복면산 퍼즐, 수의 특징 퍼즐, 고대의 수 퍼즐, 식 만들기 퍼즐, 분수와 소수 퍼즐, 마방진 퍼즐, 문제해결 퍼즐 등으로 분류할 수 있습니다.

도형 퍼즐의 특징은 공간 지각력과 도형을 대하는 눈을 높여준다는 점에 있는데, 복잡한 수학적 지식보다는 이리저리 그림을 연구해 봐야 답이 나오는 문제들이 많습니다. 이것은 퍼즐의 특성인 '누구나 쉽게, 그리고 재미있게 즐기기'를 실현하기 위해서인 것 같습니다. 이런 이유로 사람들은 도형 퍼즐에 쉽게 매료되기도 합니다. 도형 퍼즐은 크게 평면도형 퍼즐과 입체도형 퍼즐로 나눌 수 있습니다. 평면도형 퍼즐은 도형의 분할과 합성, 대칭, 미로 찾기, 한붓그리기, 작도, 측정, 테셀레이션, 평면성냥개비 퍼즐 등의 문제가 있고, 입체도형 퍼즐은 도형 관찰하기, 쌓기나무 퍼즐, 전개도, 뫼비우스 띠, 입체성냥개비 퍼즐 등이 있습니다.

논리 퍼즐은 머리를 쓰면서 재미도 느낄 수 있는 퍼즐 중 하나입니다. 논리 퍼즐은 수학 기호가 거의 사용되지 않아 수학에 심한 거부감을 느끼는 사람이라도 즐겁게 느낄 수 있다는 큰 장점이 있습니다. 물론 연역 추론을 할 때는 어느 정도 기호를 사용하기도 하지만 퍼즐을 해결할 때는 머릿속에서 논리적으로 추론이라는 사고 작용을 많이 한다고 볼 수 있습니다. 논리가 약한 사람은 논리가 강한 사람에게 설득을 당하기 쉽습니다. 아무리 자기의 주장이 옳다고 해도 논리가 약하면 남을 설득시키기가 어렵다는 말이 됩니다. 따라서 일상생활에서 가장 많이 활용되는 논리적 사고는 논리 퍼즐을 통해 연마해야 할 것입니다. 논리 퍼즐에는 수에 관한 논리, 추리 퍼즐, 측정에 관한 논리, 참·거짓 퍼즐, 확률과 예측 퍼즐, 연산 논리, 패러독스 등이 있습니다.

이 세 종류로 나뉜 퍼즐 책은 영재의 수학적 재능을 발휘하고 잠재력을 계발하는 데 한 몫 할 것이라 생각합니다. 퍼즐을 통해 자신의 두뇌를 끊임없이 트레이닝하여 영재성을 충분히 발휘할 수 있는 계기가 되기를 희망해봅니다.

끝으로 이 책을 출간할 수 있도록 배려해주신 경문사의 박문규 사장님과 편집부에 감사드립니다.

2010년 11월
저자 일동

일러두기

퍼즐은 모두 몇 문제인가요?

퍼즐 시리즈 3권에는 숫자 퍼즐과 도형 퍼즐이 각각 300개, 논리 퍼즐이 약 200개로 모두 800여개의 문제가 수록되어 있습니다.

이 문제들을 다시 세부적인 유형으로 나누었고, 각 유형마다 대표가 되는 문제를 앞에 두어 해결하는데 도움을 주는 팁(Tip)을 제공하였습니다. 그 뒤의 문제들은 이 문제를 바탕으로 해결할 수 있도록 하였습니다.

문항에 표시된 ★과 ☆은 무엇을 뜻하나요?

문항마다 난이도를 나타내도록 다음과 같이 별(☆) 모양 6개에 검정별(★)로 표시하였습니다. ★의 개수에 따라 수준은 다음을 뜻합니다.

★☆☆☆☆☆ : 1학년 수준
★★☆☆☆☆ : 2학년 수준
★★★☆☆☆ : 3학년 수준
★★★★☆☆ : 4학년 수준
★★★★★☆ : 5학년 수준
★★★★★★ : 6학년 수준

여기서 학년 수준은 교육과정과 난이도를 고려한 것이지 반드시 그 학년 학생만 풀어야 한다는 것은 아닙니다. 예를 들어, ★★★★☆☆은 4학년 이상이면 누구나 풀 수 있다는 뜻입니다. 그렇다고 그 아래 학년의 학생이 풀 수 없다는 것은 아니고 학년에 관계없이 자기 수준에 맞으면 모든 문제를 풀 수 있습니다. 또는 편하게 ★이 1~2개는 하 수준, ★이 3~4개는 중 수준, ★이 5~6개는 상 수준으로 구분하여 해결해도 됩니다.

문제만 풀면 지루해요. 재미있는 이야기도 있나요?

필요한 경우 중간에 읽을거리를 두었습니다. 퍼즐과 관련된 수학사나 수학자, 생활 속의 수학 등에 관하여 재미있는 내용을 소개하였습니다. 복잡한 퍼즐 문제를 풀다가 잠시 머리를 식힐 수 있는 쉬어가는 코너라고 생각하면 됩니다.

퍼즐을 통해 어떤 수학적 사고를 기를 수 있을까요?

풀이에 보면 각 문항마다 다음과 같은 표를 두어 퍼즐을 통해 어떤 수학적 사고를 기를 수 있을 것인지 표시해 두었습니다.

직관적 통찰	정보의 조직화	공간화/시각화	수학적 추상화	귀납적 사고	연역적 사고	일반화/적용	반성적 사고
					○	○	◉

◉는 가장 관련 있으며 중요한 수학적 사고를 뜻하고, ○는 다음으로 관련 있는 수학적 사고를 뜻합니다.

일반적으로 수학적 사고는 8가지로 나눌 수 있습니다. 각각의 사고가 의미하는 것은 다음과 같습니다. 정의와 문제의 예를 읽어보고 잘 알아두기 바랍니다.

① **직관적 통찰 능력**

주어진 정보나 조건들 사이의 관계나 구조의 본질적인 핵심을 직감적으로 파악해내며, 문제 해결의 결정적 단서를 순간적으로 떠오르게 하는 능력입니다.

[예] 삼각형의 내각의 합은 180°입니다. 다음 도형의 내각의 합을 구하고 해결 방법을 설명하시오.

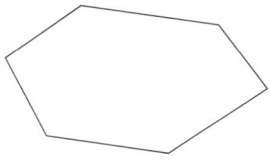

② **정보의 조직화 능력**

주어진 문제에서 필요한 정보를 수집하고, 문제 해결의 전략을 사용할 수 있도록 이를 분류하고 조직하는 능력입니다.

[예] 아래 문제에서 더 알아야 할 정보나 불필요한 정보가 있습니까? 없다면 직접 문제만 풀고, 있다면 그 조건을 첨가하거나 삭제하여 문제를 푸시오. 그 조건은 왜 필요하거나 또는 불필요한지 설명하시오.

문제: 어떤 사다리꼴 윗변의 길이는 5cm이고, 아랫변의 길이는 10cm입니다. 윗변과 아랫변을 제외한 변의 길이는 각각 8cm라고 할 때 사다리꼴의 넓이를 구하시오.

③ 공간화/시각화 능력

다음의 3가지 요소를 포함합니다.
- 공간 지각 능력: 중력적, 운동감각적 단서를 통해 공간 사이의 관계를 정확하게 인지할 수 있는 능력입니다.
- 회전 능력: 2차원 또는 3차원의 물체를 회전하였을 때의 상태를 정확하게 파악할 수 있는 능력입니다.
- 공간 시각화 능력: 주어진 공간적 정보를 머릿속에서 가시화 하여 그려 볼 수 있는 능력입니다.

[예] 각 변의 길이가 같은 정사각형 모양의 색종이를 그림과 같이 접은 후 송곳으로 구멍을 뚫었습니다. 펼쳐 놓으면 어떤 모양이 되겠습니까? 오른쪽에 직접 그려 보시오.

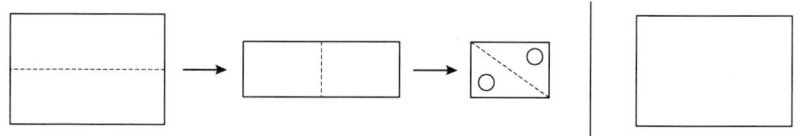

④ 수학적 추상화 능력

비구조화된 수학적 문제 상황을 적당한 수학적 개념이나 수학적 상징 기호나 수식, 그림 등으로 표현함으로써 형식화 해내는 능력입니다.

[예] 다음은 자연수를 어떤 규칙에 따라 그림으로 나타낸 것입니다. 이 규칙대로 그렸을 때, 맨 아래의 그림은 어떤 수일까요?

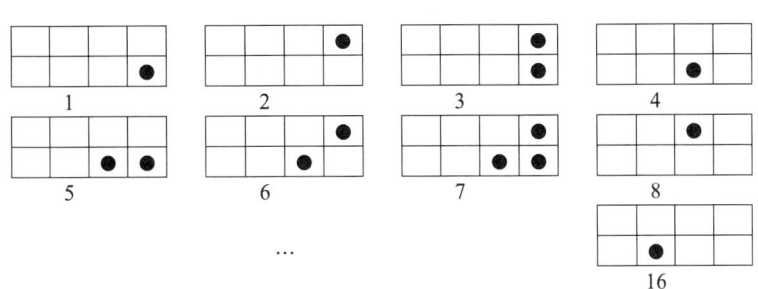

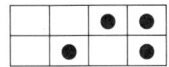

⑤ 귀납적 사고 능력

실험, 측정, 관찰, 구체적 조작 등을 통하여 몇 가지 사례에 대해 어떤 수학적 성질이 성립함을 보인 다음, 이 사례들이 속한 전체 범주의 대상들에 대해 그 수학적인 성질이 참임을 주장하는 추론 능력입니다.

[예] 그림과 같이 점을 찍어나갈 때, 100번째 그림에는 몇 개의 점이 있겠습니까?

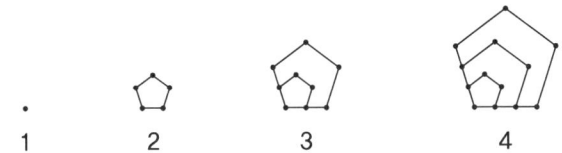

⑥ 연역적 사고 능력

넓은 의미로는 어떤 내용이 확실한 '참'인 사실을 유도하는 방법으로서 전제로 주어진 몇몇의 명제로부터 논리적인 규칙을 써서 필연적인 결론을 엄밀하게 이끌어내는 추론 능력입니다. 좁은 의미로는 일반적인 주장으로부터 특수한 주장으로 나아가는 추론 능력입니다.

[예] 동전 24개와 양팔저울이 있습니다. 이 동전들은 크기, 모양, 색깔, 무게가 똑같지만 이 중 하나는 가짜 동전이어서 다른 23개의 동전보다 약간 무겁다고 합니다. 양팔저울로 이 가짜 동전을 찾으려고 한다면 최소한 몇 번 무게를 재어야 합니까?

⑦ 일반화 및 적용 능력

수학적인 문제를 해결하는 과정에서 수나 문자, 기호로 표현된 수적, 공간적 대상이나 관계, 공식 등을 빠르고 광범위하게 조작하여 일반화시키고, 더 나아가 얻은 결과를 유사하거나 다른 상황의 새로운 문제에까지 확장하여 적용하는 능력입니다.

[예] 다음 표를 완성하고 물음에 답하시오.

각기둥	삼각기둥	사각기둥	오각기둥	육각기둥	칠각기둥	⋯
모서리의 수						
꼭짓점의 수						
면의 수						

(1) 이십각기둥의 모서리, 꼭짓점, 면의 수를 구하시오.
(2) 오십각기둥의 모서리, 꼭짓점, 면의 수를 구하시오.

⑧ 반성적 사고 능력

문제해결의 전 과정에서 나타나는 메타인지적 사고 능력입니다.

[예] 다음 덧셈에서 A, B, C는 0이 아닌 서로 다른 수입니다. 다음 식에서 알맞은 A, B, C를 구하시오.

$$\begin{array}{r} A\,B \\ +\,C\,C \\ \hline A\,A\,A \end{array}$$

풀이가 맞는지 확신이 서지 않아요.

본 퍼즐 책은 스스로 해결하면서 창의력과 문제해결력을 기르도록 하는데 목적이 있습니다. 따라서 스스로 생각하면서 문제를 해결해보고 마지막에 제시된 풀이를 보고 맞는지 틀린지 검토해 보아야 합니다. 문제가 쉽게 해결되지 않는다고 해서 문제를 시도하기도 전에 풀이를 보면 수학적 사고력을 기르는데 도움이 안 됩니다.

물론 자신이 푼 방법과 제시된 풀이 방법이 다를 수도 있습니다. 한 문제를 다른 여러 가지 방법으로 풀어 해결했다면 여러 분은 더욱 영재성이 있다고 볼 수 있습니다. 친구들과도 풀이를 비교하여 다른 방법이 없나를 항상 점검해보는 것은 문제해결력과 사고력, 창의력을 기르는데 도움이 됩니다.

목차

추론

- 추리 퍼즐 ········· 2
- 예측 퍼즐 ········· 19
- 암호 퍼즐 ········· 30
- 선택 논리 퍼즐 ········· 32
- 도형 논리 퍼즐 ········· 35
- 서랍 원리 퍼즐 ········· 41

게임

- 멘탈 매직 ········· 48
- 이동 게임 ········· 51
- 패턴 게임 ········· 53
- 님 게임 ········· 58
- 달력 퍼즐 ········· 61

수 논리

- 분리 퍼즐 ········· 68
- 분수 퍼즐 ········· 70
- 측정 퍼즐 ········· 74
- 시간 퍼즐 ········· 79
- 연산 논리 ········· 81

공간 논리

한붓그리기 ·· 100
이동 논리 퍼즐 ··· 104
공간 원리 ·· 108
위치퍼즐 ··· 113

비 논리

경우의 수 ·· 122
확률 퍼즐 ·· 127
비율 퍼즐 ·· 131
패러독스 ··· 133

풀이 ·· 139

추 론

추리 퍼즐

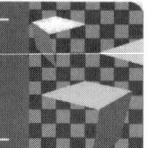

★★★★☆

001 계산 규칙을 찾아라!

다음의 식을 참고로 하여 마지막 식에 나오는 값을 찾아 보세요.

$$\frac{1}{1\times 2}+\frac{1}{2\times 3}=\boxed{}$$

$$\frac{1}{1\times 2}+\frac{1}{2\times 3}+\frac{1}{3\times 4}=\boxed{}$$

$$\frac{1}{1\times 2}+\frac{1}{2\times 3}+\frac{1}{3\times 4}+\frac{1}{4\times 5}=\boxed{}$$

$$\vdots$$

$$\frac{1}{1\times 2}+\frac{1}{2\times 3}+\frac{1}{3\times 4}+\frac{1}{4\times 5}+\cdots+\frac{1}{9999\times 10000}=\boxed{?}$$

Tip

1. 맨 앞에 더하는 수는 모두 $\frac{1}{1\times 2}$ 입니다.

2. 임의의 서로 이웃하여 있는 두 더하는 수는 $\frac{1}{\square\times(\square+1)}+\frac{1}{(\square+1)\times(\square+2)}$ 라고 표시할 수 있습니다.

3. $\frac{1}{1\times 2}=\frac{1}{1}-\frac{1}{2}$, $\frac{1}{2\times 3}=\frac{1}{2}-\frac{1}{3}$, $\cdots$, $\frac{1}{\square\times(\square+1)}=\frac{1}{\square}-\frac{1}{\square+1}$

4. 계산 규칙을 찾아 보세요.

추리 퍼즐

★★★★★★
002　　과연 외계인은 몇 명일까?

우주에서 온 이상하게 생긴 외계인들이 우주선에서 나왔습니다. 다음 조건에 맞는 외계인은 모두 몇 명일까요?

① 외계인은 2명 이상이다.
② 외계인들의 손가락 수는 모두 같다.
③ 외계인은 2개의 손을 가지고 있고, 한 손에 최소 1개 이상의 손가락을 가지고 있다.
④ 모든 외계인들의 손가락 수의 합은 200과 300 사이이다.
⑤ 모든 외계인들의 손가락 수의 합을 안다면 외계인이 몇 명인지 알 수 있는 방법은 단 한가지이다.

Tip　소수를 생각해보세요.

★★★★★★
003　　새들의 수는?

어느 숲 속 나무에 새들이 앉아 있었습니다. 각 나무에는 최소 두 마리 이상의 새가 앉아 있었는데 각 나무에 앉아 있는 새들의 수가 같았습니다. 총 몇 마리의 새들이 있었는지 안다면 나무가 몇 그루 있는지 알 수 있습니다. 나무는 두 그루 이상이고 새의 수는 모두 400마리보다 많고 800마리보다 적다면 새는 모두 몇 마리 있을까요?

추론

★★★★☆

004   도둑 찾기

도난 사건 용의자 7명이 사건 현장에서 심문을 받고 있습니다. 7명 가운데 5명만 진실을 말하고 있습니다. 도둑은 누구일까요?

㉮: ㉰가 도둑입니다.
㉯: ㉯는 죄가 없습니다.
㉰: ㉱의 짓이 아닙니다.
㉱: ㉮가 거짓말을 하고 있습니다.
㉲: ㉯의 말이 맞습니다.
㉳: ㉱가 도둑입니다.
㉴: ㉰가 거짓을 말하고 있습니다.

Tip 우선 같은 주장을 하는 사람을 찾아야 한다.

★★★★☆

005   내 모자는 무슨 색일까?

파란색 모자 3개와 노란색 모자 2개가 있습니다. 선생님은 세 사람을 일렬로 세운 후 5개 모자들 중 랜덤으로 골라 세 사람의 머리에 씌웠습니다. 앞사람은 뒷사람을 볼 수 없지만 뒷사람은 앞의 사람이 쓴 모자 색을 볼 수 있습니다. 즉 첫 번째 사람은 아무도 볼 수 없지만, 두 번째 사람은 앞사람이 쓴 모자를 볼 수 있고, 세 번째 사람은 앞의 두 사람이 쓴 모자를 볼 수 있습니다. 이때 자신이 쓴 모자 색을 맞춘 사람이 정답자가 됩니다. 문제를 낸 후 약 10여 분간 정적이 흘렀습니다. 10여분이 지난 후 한 사람이 손을 들어 답을 말했습니다. 과연 문제를 맞힌 사람은 몇 번째 사람이며 그 사람의 모자 색깔은 무엇일까요?

추리 퍼즐

★★★★★★
006　　미친개는 몇 마리일까?

수학자들이 모여 사는 마을에 집마다 개를 한 마리씩 키우고 있었습니다. 그런데 그 마을에 미친개가 생기고 말았습니다. 이 수학자들은 다른 집의 개가 미쳤는지 아닌지는 바로 알 수 있지만 자신의 개는 알지 못합니다. 사람들의 안전을 위해서는 미친개를 그냥 둘 수는 없었기에 마을 이장님이 사람들을 모두 불러 모아 미친개를 총으로 쏘아 죽이도록 지시했습니다. 단, 남의 개를 죽이면 안 되고 자신의 개는 직접 죽여야만 합니다.

이장님의 지시가 있은 뒤 첫째 날은 아무 일도 일어나지 않았습니다. 둘째 날도 고요하게 흘러갔습니다. 이렇게 시간을 흘러 3일 째 되는 날 한밤중에 총성이 울리고, 그 마을의 미친개는 모두 제거되고 평화를 되찾았습니다. 미친개는 몇 마리일까요?

★★★★★★
007　　몇 개 국어를 할까요?

A, B, C, D 네 사람이 국어, 영어, 프랑스어, 일본어를 사용하여 서로 대화를 하고 있습니다. 네 사람이 대화하고 있는 상황은 다음과 같습니다. A, B, C, D가 알고 있는 말은 각각 무엇일까요?

① A, B, C 세 사람은 두 가지 언어를 알고, D는 한 가지 언어만 안다.
② 네 사람 중에 세 사람이 한 가지 언어를 같이 알고 있다.
③ A는 일본어를 알고, D는 일본어를 모르며 B는 영어를 모른다.
④ A와 C는 말이 통하지 않고 C와 D도 말이 통하지 않으며, B와 C는 말이 통한다.
⑤ 일본어와 프랑스어를 다 아는 사람은 없다.

★★★★★☆

008　아인슈타인 논리

다음을 보고 프린스 담배를 피우는 사람은 어느 색깔의 집에 살고, 어느 국적의 사람이고, 어느 음료를 마시며, 어느 애완동물을 기르는지 밝혀 보세요.

① 다른 종류의 색깔(파란색, 녹색, 빨간색, 하얀색, 노란색)로 된 다섯 채의 집이 있다.
② 각 집에는 다른 국적(영국, 덴마크, 독일, 노르웨이, 스웨덴)의 집주인이 살고 있다.
③ 각 집주인들은 각기 다른 음료(맥주, 커피, 우유, 홍차, 물)를 마시고, 서로 다른 담배(블루매스터, 던힐, 폴몰, 프린스, 블렌드)를 피우며, 각자 다른 애완동물(고양이, 새, 개, 물고기, 말)을 기른다.
④ 영국인은 빨간색 집에 산다.
⑤ 스웨덴인은 개를 기른다.
⑥ 덴마크인은 홍차를 마신다.
⑦ 녹색집은 하얀색집 왼쪽에 있다.
⑧ 녹색집 주인은 커피를 마신다.
⑨ 폴몰 담배를 피우는 사람은 새를 기른다.
⑩ 노란색 집주인은 던힐 담배를 피운다.
⑪ 한 가운데 집주인은 우유를 마신다.
⑫ 노르웨이인은 첫 번째 집에 산다.
⑬ 블렌드 담배를 피우는 사람은 고양이를 기르는 사람의 옆집에 산다.
⑭ 말을 기르는 사람은 던힐 담배를 피우는 사람의 옆집에 산다.
⑮ 블루매스터 담배를 피우는 사람은 맥주를 마신다.
⑯ 독일인은 프린스 담배를 피운다.
⑰ 노르웨이인은 파란색집의 옆집에 산다.
⑱ 블렌드 담배를 피우는 사람은 물을 마시는 사람의 옆집에 산다.

추리 퍼즐

★★★★★☆
009 운동 종목

경구, 동규, 철훈, 경철, 동환은 월요일부터 금요일까지 각각 다른 운동을 하기로 했습니다. 운동 종목은 배드민턴, 야구, 축구, 당구, 볼링으로 정했습니다. 1명씩 자신이 좋아하는 운동을 하나씩 하기로 했습니다.
다음 말을 읽고 월요일부터 금요일까지 운동한 종목을 맞추어 보세요.

① 철훈이는 수요일 운동 종목을 정했다.
② 동환은 축구를 하기 싫어 월요일 운동 종목을 정했다.
③ 동규는 배드민턴하기 전날에 야구를 했다.
④ 경철이는 금요일에 당구를 쳤다.

★★★★★★
010 학생들의 규칙

어떤 교실에서는 가장 생일이 빠른 사람이 결정하는 대로 사탕을 나누는 규칙이 있습니다.

그런데 자신을 제외한 교실에 있는 학생이 $\frac{1}{2}$ 이상이 동의해야만 나누는 사람 자신이 원하는대로 사탕을 가지고 다른 사람도 그 사람이 결정해준 대로 사탕을 가집니다. 만약 $\frac{1}{2}$ 이상이 찬성하지 않으면 그 사람은 사탕을 가지지 못하고 남은 사람들끼리 생일순으로 다시 사탕을 나눕니다. 계속 진행하다보니 모두가 자신이 많은 사탕을 가지려 경쟁하다가 결국 5명이 남았습니다. 사탕 100개를 남은 5명 중 가장 생일이 빠른 사람이 어떻게 사탕을 나누어야 사탕을 가질 수 있을까요?

추론

011 범인을 찾아라!
★★★★★★

살인사건이 발생해서 경찰은 5명의 용의자를 뽑고 그들의 진술을 들었습니다. 그 중 세 사람은 참말을 하고 두 사람은 거짓말을 합니다. 참말을 한 사람은 누구인가요?

Ⓐ : Ⓒ가 사람을 죽이는 것을 보았다.
Ⓑ : Ⓓ는 참말을 하고 있다.
Ⓒ : 나는 사람을 죽이지 않았다.
Ⓓ : Ⓔ는 거짓말을 하고 있다.
Ⓔ : Ⓒ와 Ⓓ가 사람을 죽였다.

012 나이 맞히기 1
★★★★★★

인구 조사원이 어느 집에 가서 자녀의 나이를 물었습니다.

"우리는 딸만 셋이고, 나이들을 곱하면 40이고 더하면 층수와 같습니다."

조사원이 층수를 확인한 후 다시 말했습니다.

"그것만으로는 부족합니다."
"둘째는 유치원에 가서 아직 오지 않았습니다."
"그럼 알겠습니다."

이때 세 딸의 나이는 각각 몇 살일까요?

추리 퍼즐

★★★★★★
013　　각 집의 아이들 수 맞히기

인구 조사원이 영준이네에 가서 자녀의 수를 물었습니다.

"저기서 놀고 있는 애들이 모두 이 댁 자녀인가요?"
"아닙니다. 우리집 아이와 옆집 아이들이 같이 놀고 있습니다."
"이 집의 자녀가 가장 많습니까?"
"우리집 아이들의 수가 가장 적습니다. 그리고 우리 집 아이들과 경철이네의 아이들의 수가 같고 동규네, 철훈이네 아이들이 차례대로 아이의 수가 많습니다. 그리고 자녀가 가장 많은 집이라고 하더라도 다른 집 아이들을 모두 합한 수만큼은 되지 않습니다."
"네 집의 아이 수는 얼마입니까?"
"음, 모두 더해보니 16보다는 작고, 모두 곱하면 번지수와 같군요."
"그래요? 아직 모르겠네요. 이 댁의 아이는 1명보다 많습니까?"
"예, 1명보다 많습니다."

그러자 인구조사원은 아이들이 몇인지 알 수 있었습니다.
이때 각 집의 아이들의 수는 몇 명입니까?

014 이마의 스티커는 무슨 색일까?

★★★★★★

선생님이 4장의 빨간색 스티커와 4장의 파란색 스티커를 가지고 와서 3명의 학생의 이마에 2장씩 붙이고 남은 2장은 자신의 주머니에 넣었습니다. 학생들은 자신의 이마에 붙어 있는 2장과 선생님이 감춘 스티커 2장은 보지 못하고 다른 학생의 스티커는 볼 수 있습니다.

선생님은 학생에게 차례대로 본인의 이마에 붙은 스티커의 색을 물어 보았습니다.

Ⓐ : "모르겠습니다."
Ⓑ : "저도 모르겠습니다."
Ⓒ : "저도 모르겠습니다."
Ⓐ : "아직 모르겠습니다."
Ⓑ : "전 알겠습니다."

과연 Ⓑ 학생은 어떻게 알았을까요?

★★★★★★
015 모두 몇 명이 갈까?

교빈이는 친구들과 과제를 하기 위하여 박물관에 가기로 했습니다. 어머니는 간식을 준비하기 위하여 교빈이에게 모두 몇 명이 가냐고 물었습니다. 생각하던 교빈이는 어머니에게 이렇게 이야기를 했습니다.

"오늘 남학생과 여학생이 같이 가는데 남학생과 여학생의 수를 더한 수와 남학생과 여학생을 곱한 수를 서로 더하면 24예요."

교빈이 어머니는 모두 몇 인분의 간식을 준비해야 할까요?

Tip 짝수+짝수=짝수, 짝수×짝수=짝수, 짝수+홀수=홀수
짝수×홀수=짝수, 홀수+홀수=짝수, 홀수×홀수=홀수
짝수인 수는 2의 배수이고 두 짝수의 곱은 4의 배수

★★★★★☆
016 숫자 찾기

다음의 사각형에서 규칙을 찾고 빈 칸에 알맞은 숫자를 넣어 사각형을 완성해보세요.

384	?	96
12	48	192
24	768	6

Tip 각 열, 행, 대각선의 곱은?

추론

★★★★★★
017   우리나라 수학자 1

수학에서 같은 수를 두 번 곱해 어떤 수가 되는 수를 '어떤 수의 제곱근'이라고 합니다. 4의 제곱근은 2입니다. 9는 3을, 16은 4를 제곱근으로 갖습니다. 그런데 조선시대의 유학자 중에서 홍길주(洪吉周, 1786~1841)가 나눗셈과 뺄셈만으로 제곱근을 구했다는 사실이 밝혀졌습니다. 연구결과는 '과학사' 분야의 권위지 '사이언스 인 콘텍스트' 2월호에 소개됐습니다. 방법은 다음과 같습니다.

① 수를 반으로 나누고 나눈 값을 1부터 오름차순으로 뺍니다.

예를 들어, 9의 경우 반으로 나눈 값 4.5에서 1을 빼고, 남은 값 3.5에서 2를 빼는 식입니다. 3.5에서 2를 빼고 남은 수 1.5는 3으로 더는 뺄 수 없고 이를 2배한 3이 빼려는 수 3과 같기 때문에 9의 제곱근은 3이 됩니다. 그렇게 더는 뺄 수 없을 때 남은 수를 2배한 뒤 그 수가 뺄 수와 같으면 제곱근이 됩니다.

② 만약 남은 수를 2배하여도 그 뺄 수와 같지 않으면 100을 곱해 세자리 수로 만든 다음, 위와 같은 방식으로 접근합니다. 그 후 100의 제곱근인 10으로 다시 나눠주면 됩니다. 즉, 6의 경우 일단 100을 곱해 세 자릿수로 만든 뒤 같은 방식으로 계산하면 24보다 크고 25보다 작은 값이 나옵니다. 6의 제곱근을 구하려면 이 수를 100의 제곱근인 10으로 다시 나눠주면 2.449…라는 수가 나온다는 것입니다.

12의 제곱근을 홍길주의 방법으로 구해보세요.

★★★★★★
018   조건에 맞는 수 찾기

다음 친구들 간의 대화를 잘 읽고 조건에 맞는 수 중에서 가장 작은 수를 구하세요. 단, 네 자리 수는 모두 다릅니다.

경철: 철훈이가 하는 말은 거짓입니다.
　　　네 자리 수를 모두 더하면 15와 같거나 작습니다.
　　　첫 번째 수는 홀수이면서 5와 같거나 큽니다.

동규: 경철이가 하는 말은 거짓입니다.
　　　세 번째 수는 소수가 아닙니다.
　　　두 번째 수는 6보다 작습니다.

철훈: 성호가 하는 말은 거짓입니다.
　　　두 번째 수는 6보다 작습니다.
　　　네 번째 수는 첫 번째 수보다 큽니다.

성호: 철훈이 하는 말은 거짓입니다.
　　　세 번째 수는 6과 같거나 작습니다.
　　　네 자리 수 중 0은 없습니다.

★★★★★☆
019 구슬의 색깔은?

노란색, 빨간색, 파란색, 자주색, 흰색인 구슬을 각각 1개씩 보이지 않는 상자 5개에 따로 넣어 책상 위에 한 줄로 놓았습니다. 그리고 민애, 윤지, 성암, 세실, 남수 다섯 명의 학생들에게 상자에 들어 있는 구슬의 색깔을 2개씩 예상하여 말해보라고 하였습니다. 다섯 명의 학생이 말한 것은 다음과 같습니다.

민애: 두 번째는 자주색, 세 번째는 노란색일 것입니다.
윤지: 두 번째는 파란색, 네 번째는 빨간색일 것입니다.
성암: 첫 번째는 빨간색, 다섯 번째는 흰색일 것입니다.
세실: 세 번째는 파란색, 네 번째는 흰색일 것입니다.
남수: 두 번째는 노란색, 다섯 번째는 자주색일 것입니다.

다섯 명의 학생이 말한 후에 상자를 열어 확인해보니 각 상자마다 한 명씩만 색깔을 맞추었습니다.
그들이 맞춘 색깔은 각각 어떤 색일까요?

추리 퍼즐

★★★★★☆
020 무슨 선수지?

영미, 철수, 민수는 각각 A초등학교, B초등학교, C초등학교의 학생입니다. 학생들은 각각 수영, 체조, 배구선수를 하고 있으며, 다음과 같은 사실을 알고 있습니다.

① 영미는 A초등학교 학생이 아니다.
② 철수는 B초등학교 학생이 아니다.
③ 배구선수는 C초등학교 학생이 아니다.
④ 수영선수는 A초등학교 학생이다.
⑤ 철수는 수영선수가 아니다.

그렇다면 영미, 철수 민수는 각각 어느 학교의 학생이며 어떤 운동선수일까요?

★★★★★☆
021 2등은 몇 점일까요?

학생 4명이 멀리뛰기, 100m달리기, 높이뛰기, 공 던지기 경기를 하였습니다. 각각 경기마다 1등은 5점, 2등은 3점, 3등은 2점, 4등은 1점을 얻습니다. 경기가 끝나고 결과는 다음과 같습니다.

① 총점이 1등인 학생은 17점이며, 높이뛰기의 점수가 다른 종목의 점수보다 낮다.
② 총점이 3등인 학생은 11점을 얻었으며, 높이뛰기의 점수가 가장 높다.
③ 네 명의 총점은 동점이 없으며 서로 다르다.

그렇다면 총점이 2등인 학생은 공 던지기에서 몇 점을 얻었을까요?

추론

★★★★☆
022 각각의 카드에는 무엇이 쓰여 있을까요?

카드 4장에 각각 대, 한, 민, 국이라는 글자가 하나씩 쓰여 있습니다. 그중에 3장을 책상 위에 뒤집어 놓고 태우, 준수, 준호 세 명에게 각각 무슨 글자가 쓰여 있는가를 맞추게 하였습니다. 세 명의 학생이 예상한 내용은 다음과 같습니다.

	첫 번째 카드	두 번째 카드	세 번째 카드
태우	한	대	국
준수	한	민	국
준호	민	대	한

카드를 뒤집어 확인한 결과, 한 사람은 1장도 맞추지 못하였고 다른 두 사람은 각각 2장과 3장을 맞추었습니다. 그렇다면 각각의 카드에는 어떠한 글자가 쓰여 있었을까요?

★★★★★
023 경기 결과가 어떻게 되었을까요?

WBC 준결승에 한국, 쿠바, 일본, 미국이 올라가서 다시 리그전을 하게 되었습니다. 이기면 3점, 비기면 1점, 패하면 0점을 얻습니다.
경기 결과 한국은 7점, 쿠바는 4점, 일본은 1점을 얻었습니다. 또한 경기 중 얻은 득점은 모두 11점으로 한국이 5점을 얻어 제일 많고, 쿠바는 4점을 실점했으며, 미국은 한 점도 올리지 못했습니다.
쿠바가 3 : 2로 일본을 이겼다면 한국과 일본의 경기 결과는 어떻게 되었을까요?

★★★★★☆

024　　제크와 콩나무

제크는 마법의 콩을 심었습니다. 그런데 이 콩나무는 너무나 빨리 자라서 하루에 키가 2배씩 커지기 시작했습니다. 첫날에 싹이 나기 시작하더니 30일 뒤에는 제크의 집과 높이가 같아졌습니다. 그러면 콩나무가 제크의 집의 절반의 높이가 되었을 때는 며칠째였을까요?

★★★★★☆

025　　우리 반이 득점한 수는?

우리 반은 다른 반과의 축구경기에서 열 번째 경기를 상대팀과 점수차가 많이 나도록 이겼습니다. 우리 반 선생님은 최근 10경기의 결과를 분석해 적어놓기로 했습니다. 그 결과는

"첫 번째 경기에서 얻은 득점은 10경기 중 1점을 얻은 총 경기수와 같고, 두 번째 경기는 2점을 얻은 총 경기수와 같고, 세 번째 경기는 3점을 얻은 경기수와 같았고, 이렇게 열 번째 경기까지 계속되었다. 단 열 번째 경기에서 얻은 득점은 단 한골도 넣지 못한 경기수와 같았다."

로 분석되었습니다. 최근 10경기에서 우리 반은 각각 몇 점씩 득점하였을까요?

추론

★★★★★☆

026 누가 빠를까요?

평소에 대조와 지승이가 150 m 달리기 시합을 하면, 항상 대조가 지승이보다 10 m 빨리 들어와 이깁니다. 대조와 지승의 달리는 속도는 항상 일정한데 이번 시합에서는 대조가 출발선 10 m 뒤에서 달리기로 하였습니다. 대조와 지승 중 누가 달리기 시합에서 이길지 알아보고 그 이유를 쓰세요.

★★★★★★

027 높이에 따른 호의 둘레 변화 구하는 공식

반지름이 35 cm, 높이가 125 cm인 원뿔에서 높이에 따른 호의 둘레 변화를 계산해보세요.

예측 퍼즐

★★★★★☆

028   다음에 나올 수는?

한 여행자가 깊은 산 속을 헤매다 길을 잃었습니다. 마실 것과 먹을 것이 없어 힘들어하던 여행자는 산 속에서 한 마을을 발견했는데 마을의 입구에 큰 돌에 다음과 같은 문제가 있는 것을 보았습니다. 이 문제를 풀어야 마을에 들어갈 수가 있다고 하는데 정답이 잘 생각나지가 않았습니다. 다음을 잘 관찰해보고 다음에 나올 수가 무엇인지 알아보세요.

$$
\begin{array}{c}
1 \\
1\ 1 \\
2\ 1 \\
1\ 2\ 1\ 1 \\
1\ 1\ 1\ 2\ 2\ 1 \\
3\ 1\ 2\ 2\ 1\ 1 \\
?\ ?\ ?\ ?\ ?\ ?\ ?\ ?
\end{array}
$$

Tip   위의 숫자와 밑의 숫자의 관계를 잘 파악해보세요.

> 추론

★★★★★☆
029   신기한 분수

다음의 분수와 같이 1~9까지의 수를 1번씩만 이용해 대분수의 꼴로 27을 나타낼 수 있습니다.

$$15\frac{9432}{786}$$

9432를 786으로 나누면 12이므로 12+15=27이 돼요.
위의 예와 같이 1~9까지의 수를 1번씩만 사용해 대분수의 형식으로 16과 20을 만들어 보세요.

Tip 여러 가지 분수를 만들어 보세요.

★★★★☆☆
030   필승의 달리기 시합

창근이네 반은 옆반인 재동이네 반과 달리기 경기를 하게 되었습니다. 각각 3명의 선수를 내보내어 3판 2선승제를 하기로 하였습니다. 각각의 반에서 달리기가 1등에서 3등까지의 선수를 보냈는데, 연습경기를 해보니 1등끼리의 대결은 창근이네 반, 2등의 대결도 창근이네 반, 3등의 대결에서도 창근이네 반이 모두 간발의 차이로 이겨 3대 0으로 창근이네 반이 승리를 했습니다. 고민을 하던 재동이는 친구들과 의논을 하여 실제 경기에서는 2대 1로 승리를 하게 되었습니다. 재동이네 반이 선택한 방법을 무엇이었을까요?

★★★★★☆

031　　보물과 괴물이 있는 방은 어디일까요?

3개의 방에 다음과 같은 안내문이 붙어 있습니다. 그 중 2개의 방에는 보물과 괴물이 각각 들어 있고 나머지 방은 비어 있습니다. 괴물이 들어 있는 방의 안내문은 거짓이며 3개의 안내문 중 단 하나만 참이라고 할 때, 가장 올바른 결론은 어느 것일까요?

방 1 안내문: 방 2에는 괴물이 들어 있다.
방 2 안내문: 이 방은 비어 있다.
방 3 안내문: 이 방에는 보물이 들어 있다.

★★★★★☆

032　　상자 고르기

3개의 상자에는 금, 구리, 금 또는 흙이 들어 있습니다. 그런데 각 상자의 라벨은 서로 잘못 붙여져 있습니다. 상자 안의 내용물을 한 상자에서 한 가지만 꺼낼 수 있습니다. 과연 어느 상자에서 내용물을 꺼내야 각 상자들의 내용물에 맞게 라벨을 붙일 수 있을까요?

추론

★★★★☆
033 상자에는 무엇이 들어 있을까?

상자에는 금 또는 흙이 들어 있는 A, B, C상자가 있습니다.
다음 조건으로 3개의 상자 중 무엇이 들어 있는지 정확히 알 수 있는 상자는 무엇일까요?

조건 1: C상자가 흙이라면 B상자는 금이 들어 있습니다.
조건 2: A상자가 금이라면 C상자는 흙이 들어 있습니다.
조건 3: B상자가 흙이라면 A상자는 금이 들어 있습니다.

★★★★☆
034 구슬의 색

검은색, 갈색, 하늘색, 은색, 살구색인 구슬 5개를 1개씩 각각 종이봉투에 넣어 책상 위에 한 줄로 놓았습니다. 그리고 경구, 동구, 철훈, 경철, 영준 5명에게 구슬의 색깔을 2개씩 알아맞히게 하였습니다. 5명의 학생이 말한 것은 다음과 같습니다.

경구: 두 번째는 은색, 세 번째는 검은색일 것이다.
동구: 두 번째는 하늘색, 네 번째는 갈색일 것이다.
철훈: 첫 번째는 갈색, 다섯 번째는 살구색일 것이다.
경철: 세 번째는 하늘색, 네 번째는 살구색일 것이다.
영준: 두 번째는 검은색, 다섯 번째는 은색일 것이다.

5명의 학생이 말한 후에 봉투를 열어 확인해보니 그들은 모두 한 봉투씩만 색을 알아 맞혔습니다. 그들이 알아맞힌 색깔은 각각 어떤 색인가요?

예측 퍼즐

★★★★☆
035 누구의 말을 들어야 할까?

어머니가 4형제에게 2명만 심부름을 다녀오라고 하셨는데 아이들이 서로 가려고 말을 하고 있습니다. 모두가 만족할 수 있는 방안은 무엇인가요?

A: 나는 어머니의 말씀에 따르겠습니다.
B: 만약 A가 가면 저도 가야 합니다.
C: 만약 제가 가지 못한다면 B도 가면 안 됩니다.
D: 저는 A와 가거나 혹은 가지 말아야 합니다.

★★★★★☆
036 7개의 추

양팔 저울 세트 안에 추가 7개 들어 있습니다. 그런데 7개의 추로 1g에서 127g까지 무게를 모두 잴 수가 있습니다. 이 7개 추의 무게는 각각 얼마일까요?

Tip 1g부터 차례대로 추의 무게를 만들어 보세요.

추론

★★★★☆

037　강아지의 수는?

얼마 전 우리 집 개가 많은 수의 강아지를 낳았습니다. 그런데 수컷은 각각 암컷의 수만큼 형제를 가지고 있고, 암컷은 각각 자기를 뺀 암컷의 수의 2배만큼의 수컷 형제를 가지고 있습니다. 우리 집 개가 낳은 암컷과 수컷의 수는 각각 몇 마리일까요?

★★★★☆

038　조건에 맞는 수 찾기

다음 조건에 맞는 자리 수가 모두 다른 4자리 수를 찾아 보세요.
① 천의 자리 수는 일의 자리 수의 2배이고, 백의 자리 수보다 2만큼 더 크다.
② 십의 자리 수는 천의 자리 수보다 1만큼 더 크고, 일의 자리 수보다 5만큼 더 크다.

★★★★★★

039　수를 찾아라

25보다 작고 연속되는 4개의 수를 세제곱한 수들의 합은 어떤 수(25 이하)의 세제곱한 수와 같다고 합니다. 이 5개의 수는 과연 무엇일까요?

★★★★☆

040   빈칸 채우기

다음 각 줄에 계산이 맞도록 빈칸을 채워 보세요.(단, 왼쪽에서 오른쪽, 위에서 아래의 순으로 계산하시오.)

	÷		+		=	9
×		+		+		−
	+		−	7	=	
÷		×		−		÷
	−	2	−		=	
=		=		=		=
3	+		−		=	

★★★★★

041   상대방의 나이는?

경성이는 상대방의 나이를 맞추고 싶을 때 나이를 3, 5, 7로 나눈 나머지를 들으면 상대방의 나이를 맞출 수가 있다고 합니다. 예를 들어 상대방의 나이가 3으로 나누면 1이 남고, 5로 나누면 2가 남고, 7로 나누면 2가 남는다고 할 때 상대방의 나이는 얼마일까요?

추론

★★★★★★
042 답은 반드시 하나로

당신은 친구들에게 종이를 나누어주고 3자리 수를 적게 합니다. 단, 각 자리의 수를 2 이상 차이 나게 하고 계산 방법을 알려줍니다. 그러면 당신은 상대방이 어떤 수를 택하더라도 그 계산 결과를 맞출 수가 있습니다. 어떤 계산 방법을 써야 하고 그 답은 과연 무엇일까요?

★★★★★☆
043 세 사람의 직업은?

시현, 일롱, 재동 세 사람은 각각 교사, 회사원, 군인입니다. 재동이는 군인보다 나이가 많고, 시현이와 회사원의 나이는 서로 다르며, 회사원은 일롱이보다 나이가 어립니다. 시현, 일롱, 재동 각각의 직업은 무엇일까요?

Tip 표로 나타내어 보세요.

★★★★☆

044   결과를 맞춘 사람은?

100 m 달리기 결승경기를 진행하고 있습니다. 결승전에 참가한 선수는 A, B, C, D, E, F 6명입니다. 철수, 민수, 영희, 혜정 4명이 누가 1등할 것인지 다음과 같이 예상하였습니다.

철수: 1등은 A 아니면 B가 할 것이다.
민수: C는 1등이 아닐 것이다.
영희: D, E, F는 1등하지 못할 것이다.
혜정: 1등은 D, E, F 중에 있을 것이다.

결승전이 끝난 결과 1명만이 정확하게 맞추었습니다.
100 m 달리기에서 1등한 사람은 누구일까요?

★★★★★★

045   어떻게 이길 수 있었을까요? 1

삼성과 두산 경기가 열리고 있습니다. 현재 스코어는 6 : 6입니다. 9회말 1아웃 주자는 3루에 있습니다. 타자는 오늘 경기에서 5타수 무안타로 부진한 채태인입니다. 볼카운트는 2스트라이크 3볼입니다. 마지막 공을 던지기 전 3루 주자를 1번 쳐다본 다음 오늘 경기에서 가장 빠른 158 km 짜리 스트라이크 존에 들어가는 공을 던졌습니다. 채태인 선수가 안타나 홈런을 치지 않았는데도 경기는 삼성이 점수를 내게 되어 7 : 6으로 이겼습니다. 어떤 일이 일어났을지 창의적으로 적어 보세요.

추론

★★★★★★
046　어떻게 이길 수 있었을까요? 2

올해의 슈퍼볼 경기에서는 많은 이변이 일어났습니다.
경기 종료 3분을 남기고 피츠버그팀이 6 : 15로 인디아나포리스에게 지고 있었습니다. 공격권은 인디아나포리스팀이 갖고 있습니다. 그러나 경기 종료 휘슬을 울릴 때 스코어보드에는 피츠버그 팀이 16 : 15로 이겼습니다. 어떻게 된 일일까요?

> **Tip**　터치다운: 6점, 플레이킥: 1점, 패스나 런닝으로 득점: 2점, 수비팀이 공격팀의 4번의 공격 기회를 무산시키거나 볼을 빼앗음: 2점

★★★★★☆
047　견우와 직녀

견우와 직녀는 평소에 일을 하지 않고 너무 놀기만 하여 벌을 받아 서로 멀리 떨어져 있는 벌을 받았습니다. 그런데 서로 떨어진 거리를 선택할 수 있는 문제를 내었습니다. 그것은 0~9까지의 숫자 10개를 각각 1번씩 모두 사용하여 5자리의 수를 2개 만들어야 했습니다. 그 후에 큰 수에서 작은 수를 빼서 그 차이만큼 떨어져 있기로 했습니다. 견우와 직녀가 이것을 이용해서 될 수 있는 한 가장 가깝게 있을 수 있는 거리는 얼마일까요? 단위는 km입니다.

> **Tip**　가장 가깝게 만들 수 있는 두 수를 생각해보세요.

예측 퍼즐

★★★★★★
048　　노아의 방주

노아의 대홍수에 관한 이야기는 옛날에 가장 높은 산까지도 물에 덮였다는 이야기입니다.

"7일간 홍수가 일어났습니다. — 비는 40일 동안 낮과 밤을 가리지 않고 하늘에서 쏟아졌습니다. — 물이 불어나서 배를 띄웠더니 땅 위를 덮은 물 위를 떠다녔습니다."

라는 식의 이야기입니다. 그런데 세계에서 가장 높은 산을 덮을 만큼 비가 실제로 내렸을까요?

★★★★★★
049　　7형제의 나이는?

어떤 한 여성이 최소 한 쌍의 세 쌍둥이를 포함한 7명의 아이를 낳았습니다. 모든 아이들의 나이를 곱하면 6591입니다.

오늘이 모든 7형제의 생일이라면 세 쌍둥이는 몇 쌍이고, 7명의 나이는 모두 몇 살일까요?

Tip　6591을 소인수분해 해보세요.

★★★★★☆
050　　비밀의 카드

각각 서로 다른 수가 쓰여진 3장의 카드가 있습니다. 3장의 카드의 수의 평균은 26입니다. 그리고 앞의 2장의 카드의 수의 평균은 32입니다. 세 번째 카드의 숫자는 무엇일까요?

암호 퍼즐

★★★★★☆

051 숫자 채우기

보기 처럼 한 원에 직접 연결된 수끼리의 합은 원 안의 수와 대응되는 값이라고 생각하고 다음 원 안에 1~7까지의 수를 채워 보세요.

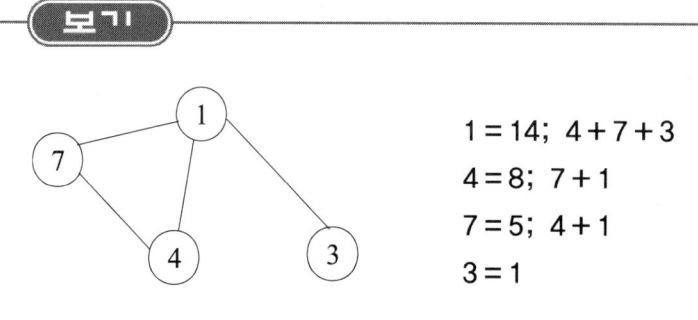

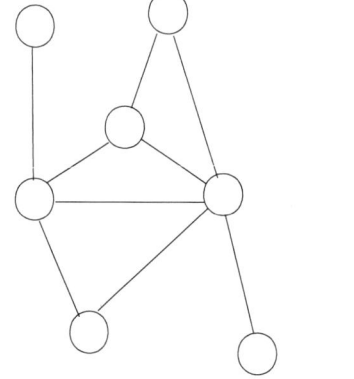

1 = 23
2 = 4
3 = 14
4 = 3
5 = 8
6 = 1
7 = 9

Tip 우선 합이 가장 높은 1과 3의 정확한 위치를 찾아 보세요.

 암호 퍼즐

★★★★★☆
052 나의 답은 맞는데 1

선생님이 덧셈문제 몇 개를 숙제로 냈는데 경철이 해결한 숙제는 모두 틀렸다고 말했습니다. 숙제의 답들은 아래와 같습니다. 가만히 들여다보니 경철이 한 숙제는 맞았다고 볼 수도 있습니다. 어떻게 하면 가능할까요?

9 + 4 = 1	5 + 9 = 2
11 + 5 = 4	1 + 17 = 6

Tip 우리 주변에서 12씩 빼도 사용할 수 있는 도구를 생각해보세요.

★★★★★☆
053 나의 답은 맞는데 2

선생님이 덧셈문제 몇 개를 숙제로 냈는데 동규가 해결한 숙제는 모두 틀렸다고 말했습니다. 숙제의 답들은 다음과 같습니다. 가만히 들여다보니 동규가 한 숙제는 맞았다고 볼 수도 있습니다. 어떻게 하면 가능할까요?

3 + 4 = 1	7 + 1 = 9
1 + 1 = 3	6 + 0 = 8
2 + 3 = 2	8 + 7 = 75
6 + 5 = 99	8 + 2 = 73

선택 논리 퍼즐

★★★★★☆

054 알 수 없는 거짓말 나라

철수는 세계 여러 나라를 여행하다 거짓말 나라를 지나가게 되었습니다. 거짓말 나라에서는 법으로 남자는 월, 화, 수에만 거짓말을 하도록 허용하고, 여자는 목, 금, 토에만 거짓말을 하도록 허용하고, 일요일에는 모두 참말만을 하도록 하였습니다.

철수는 여기를 여행하다 오늘이 무슨 요일인지 궁금하였습니다. 그래서 처음 만난 남자에게 오늘이 무슨 요일인지 물어보니

남자는 "어제는 내가 거짓말을 하는 날이었습니다."

라고 대답하고 갈 길을 갔습니다. 남자가 거짓말을 하는 것인지 참말을 하는 것인지 알지 못하여 가다가 다른 여자를 만났습니다. 여자에게 물어보니 여자도 "어제는 내가 거짓말을 하는 날이었습니다."

라고 대답하고 자기 갈 길을 갔습니다. 철수는 두 사람에게 같은 이야기를 듣고 오늘이 무슨 요일인지 골똘하게 생각했습니다.

여러분, 과연 오늘은 무슨 요일일까요?

Tip 월요일부터 차례대로 가정해보세요.

선택 논리 퍼즐

★★★★★☆

055   거짓부족과 참부족

어느 외딴 섬에 A부족과 B부족의 두 원주민이 나누어 살고 있었습니다. A부족은 항상 사실만을 이야기하지만, B부족은 항상 거짓말만 합니다. 영어를 사용하는 탐험가가 이 섬에 가서 3명의 원주민을 만났습니다. 처음에 만난 원주민에게 "당신은 어느 부족입니까?"라고 물으니 그 섬의 말로 대답해서 탐험가는 이해할 수 없었습니다. 그러자 영어를 조금 할 줄 아는 두 번째 원주민은 "그는 'A부족입니다'라고 했습니다."라고 하고, 세 번째 사람은 "그는 'B부족입니다.'라고 했습니다."라고 말했습니다.

두 번째와 세 번째의 원주민 중 어느 쪽이 거짓말을 하고 있을까요?

★★★★☆☆

056   스핑크스의 퀴즈

길을 가던 나그네가 스핑크스를 만났습니다. 스핑크스를 보고 두려움에 떨던 나그네가 살려달라고 애원했습니다. 그러나 스핑크스는 살려줄 마음이 없었습니다. 그래서 스핑크스는 해결할 수 없는 문제를 내었습니다.

"만약 지금 네가 거짓말을 한다면 너를 잡아먹을 것이고 네가 진실을 이야기한다면 독수리의 먹이가 되게 하겠다."

나그네는 이 문제를 듣고 너무나 절망하였습니다. 과연 나그네가 살 수 있는 방법은 없을까요?

추론

★★★★★☆

057 갈림길에서 살아남는 법

한 나그네가 두 갈래 길 앞에 있습니다. 그 갈림길 한쪽에는 천사가 다른 한쪽에는 악마가 앉아 있고, 한쪽 길은 천국으로 가는 길이며 다른 한쪽은 지옥으로 가는 길입니다. 어느 쪽 길에 누가 앉아있는지 알 수는 없습니다. 천사는 진실만을 말하고 악마는 거짓말만 합니다.
나그네는 어느 길이 천국으로 가는 길이며 어느 길이 지옥으로 가는 길인지 모르고 앞에 앉은 사람도 누가 천사이고 누가 악마인지 알 수 없습니다. 이 상황에서 나그네는 둘 중 1명에게 단 1번의 질문만 할 수 있습니다.
나그네가 천국으로 가기 위해서는 뭐라고 질문해야 할까요?

★★★★★★

058 백설 공주의 선택

새엄마는 백설 공주를 쫓아내기 위해 애쓰던 중 마녀에게 도와달라고 부탁했고, 마녀는 새엄마를 위해 백설 공주를 쫓아낼 묘안을 생각해냈습니다. 마녀는 백설 공주에게 두 개의 봉투를 내밀며, 한 개의 봉투에는 '결혼'이라고 적혀 있고 다른 봉투에는 '추방'이라고 적혀 있다고 말했습니다. 백설 공주는 두 봉투 중 하나를 선택해야 하며 그 봉투에 적힌 단어에 따라 결혼할 수도 추방당할 수도 있습니다. 하지만 두 개의 봉투에는 모두 '추방'이란 단어가 적혀 있었습니다.
백설 공주는 어떻게 하면 새엄마와 마녀의 속임수를 피할 수 있을까요?

도형 논리 퍼즐

★★★★☆☆

059   마주 보는 면 찾기

정육면체의 세 면이 다음과 같이 보일 때,  면의 마주보는 면은 어느 면일까요?

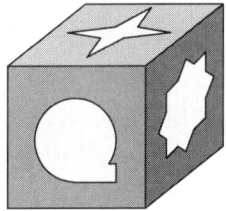

Tip   전개도를 생각해보세요.

★★★★☆☆

060 규칙 찾기 1

다음 그림에서 빈칸에 들어갈 알맞은 그림을 그려 보세요.

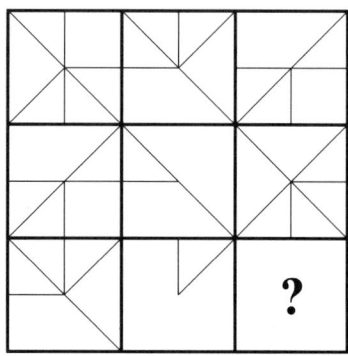

★★★★☆☆

061 규칙 찾기 2

다음 그림에서 빈칸에 들어갈 알맞은 그림을 찾아 보세요.

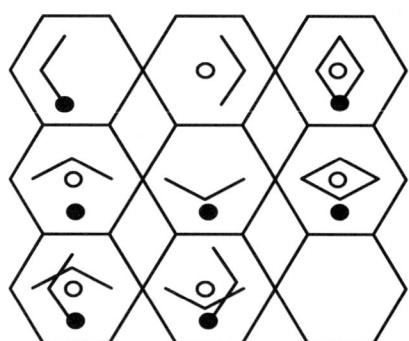

★★★★☆☆

062 규칙 찾기 3

다음 그림에서 빈 칸에 들어갈 알맞은 그림을 그리세요.

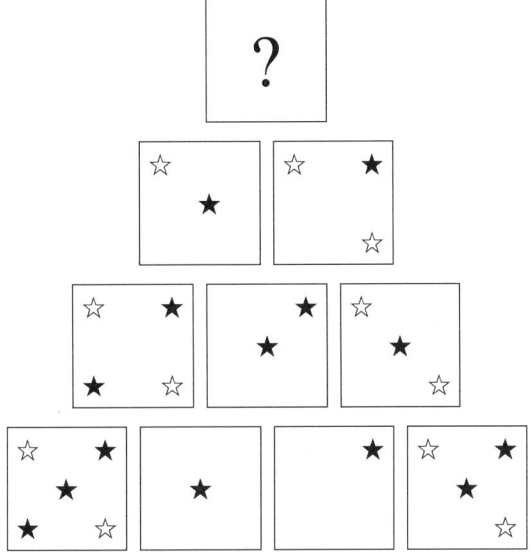

Tip 제일 밑의 그림과 그 위에 그림에서 중복된 것과 새로운 것의 관계를 찾아 보세요.

★★★★★☆
063 규칙 찾기 4

다음의 규칙을 지킨다면 다음의 도형들은 어떻게 변할까요?

규칙 1. 공통된 부분이 없는 곳에 있는 도형은 그대로 옮겨진다.
규칙 2. 공통된 부분이 두 곳에 있는 도형은 옮겨지지 않는다.
규칙 3. 공통된 부분이 세 곳에 있는 도형은 그대로 옮겨진다.
규칙 4. 공통된 부분이 네 곳에 있는 도형은 옮겨지지 않는다.

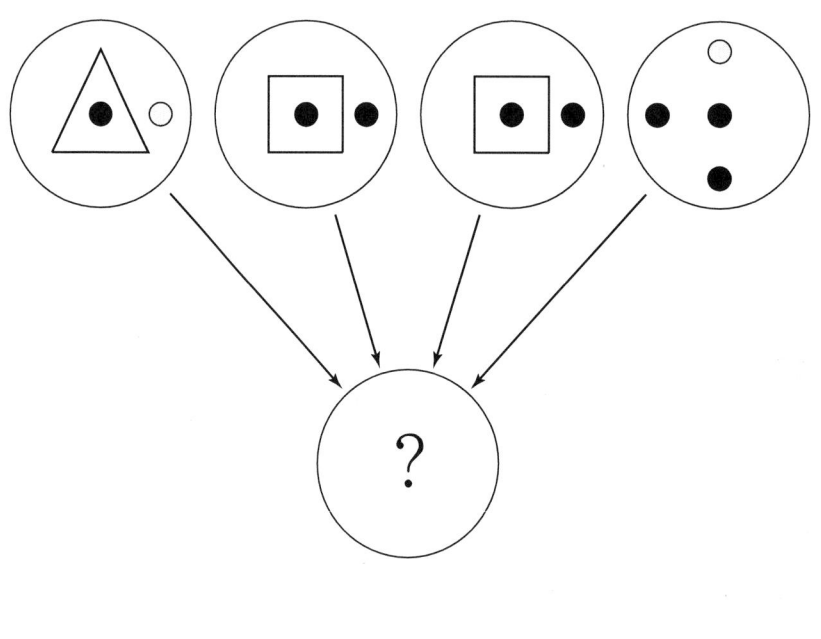

★★★★★☆
064　규칙 찾기 5

다음의 그림에서 규칙을 찾아 빈칸에 들어갈 그림을 그려 보세요.

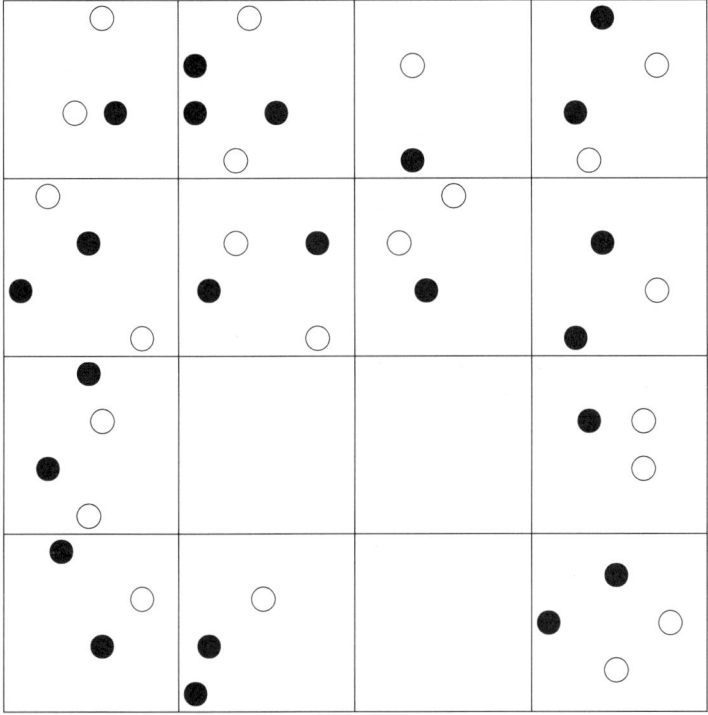

Tip　각 줄의 흰 점과 검은 점의 개수의 관계를 파악해보세요.

추론

★★★★☆

065 보이지 않는 숫자는 무엇일까요?

6면에 각각 1, 2, 3, 4, 5, 6이 쓰여 있습니다. A, B, C는 각각 다른 각도로 이 정육면체를 관찰할 때 보이는 모습입니다. 1, 2, 4가 쓰여 있는 면의 맞은 면에는 무슨 숫자가 쓰여 있을까요?

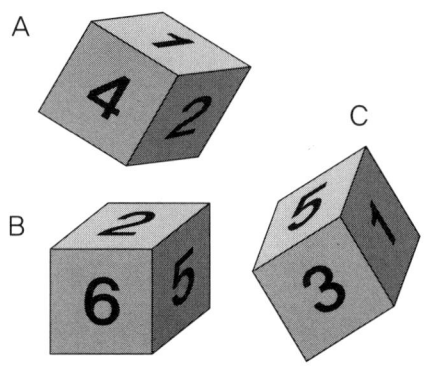

서랍 원리 퍼즐

★★★★☆
066   5학년 1반의 학생수

5학년 1반의 실기평가는 학교에서 지정해준 10개의 지정곡 중 2개의 곡을 자유로이 선택하여 연습해서 평가를 합니다. 단, 같은 반 학생끼리 2개의 곡 모두가 중복되지 않도록 선택하여 연습해야 합니다. 어느 두 학생이 같은 곡을 1개까지는 상관없지만 2곡 모두 같이 중복되면 실기점수는 0점입니다. 적어도 2명 이상이 0점이라면 5학년 1반 학생 수는 적어도 몇 명일까요?

Tip 10개의 곡 중에서 2개의 곡을 고를 수 있는 모든 경우의 수를 생각해보세요.

★★★★★★
067   교실의 학생 수

어느 시골 학교의 교실에 9명의 학생이 있습니다. 그 중에서 적어도 5명의 남학생이 있거나 적어도 5명의 여학생이 있음을 밝혀 보세요. 그리고 그 중에서 적어도 3명의 남학생이 있거나 적어도 7명의 여학생이 있음을 증명하세요.

추론

★★★★★☆

068   같은 날에 생일인 학생의 수는?

우리 학교 학생들 중 7월에 태어난 학생 수를 조사하였더니 357명이었습니다. 이 학생들 중 같은 날에 생일인 학생은 적어도 몇 명이 있을까요?

★★★★★★

069   11의 배수

11 이상의 임의의 12개의 자연수 중에서 두 수의 차가 11의 배수인 수를 존재한다는 것을 증명해보세요.

★★★★★★

070   두 점 사이의 거리 1

한 변의 길이가 1 cm인 정육각형 내부에 점을 7개 찍으면, 그 중 두 점 사이의 거리가 1을 넘지 않는 두 점이 꼭 있다는 것을 증명하세요.

Tip   정육각형을 정삼각형으로 나누어보세요.

◆ 서랍 원리 퍼즐

★★★★★★
071   두 점 사이의 거리 2

길이가 0보다 크고 1보다 작은 선분에 점을 9개 찍으면 두 점 사이의 거리가 $\frac{1}{8}$을 넘지 않는 점이 최소한 하나 이상 있다는 것을 증명하세요.

★★★★★☆
072   나와 같은 점수를 가진 사람은 몇 명?

수학 경시대회에 10개의 문제를 출제하였습니다. 기본 점수 20점을 주고 한 문제를 맞으면 4점을 받고 틀리면 1점을 뺍니다. 풀지 않으면 0점을 받습니다. 적어도 5명의 점수가 같으려면 시험에 최소 몇 명이 참가해야 할까요?

★★★★★☆
073   구슬의 짝을 찾아라

주머니에 빨간색 구슬 80개, 남색 구슬 70개, 노란색 구슬 60개, 흰색 구슬 50개가 있습니다. 각각의 구슬의 크기와 무게는 같습니다. 색깔이 같은 2개의 구슬을 1쌍이라고 할 때 10쌍의 구슬을 꺼내려면 적어도 몇 개의 구슬을 꺼내야 할까요?

 추론

★★★★★☆
074 맞는 열쇠를 찾아라!

열쇠 하나로 자물쇠 하나를 열 수 있습니다. 지금 자물쇠 12개와 열쇠 10개가 있습니다. 이 열쇠로 열 수 있는 자물쇠를 다 찾자면 적어도 몇 번 열어봐야 할까요?

Tip 10개의 열쇠 중 하나를 골라 12개의 자물쇠를 하나씩 열어보면 이 열쇠로 열수 있는 자물쇠를 찾는데 11개를 열어서 모두 열지 못했다면 나머지 1개가 확정적으로 이 열쇠로 열수 는 자물쇠가 된다.

★★★★★☆
075 사탕포장하기

사탕공장에서 사탕을 3개, 5개씩 두 가지 경우로만 포장하여 판매합니다. 한 손님이 8개 이상의 사탕을 사간다고 할 때, 몇 개의 사탕을 산다고 하더라도 포장되어 있는 사탕봉지를 뜯지 않고 포장되어 있는 상태로 판매할 수 있음을 증명하세요.

 **탈레스**

밀레투스 지방 사람인 탈레스(약 BC 636~546)는 고대 '칠현인(七賢人)' 중의 한 사람이며 그리스 최초의 철학자 겸 과학자로 알려져 있습니다. 또한 발명가적인 기질이 있고 상상력이 풍부하며 책략이 뛰어나고 호기심이 많다고 합니다. 그러나 그를 생각할 때 가장 자주 사용하는 단어는 '최초'라는 단어입니다. 물론 수학에 있어서 연역법을 사용한 최초의 인물이기도 합니다.

탈레스가 이집트를 여행하고 있을 때입니다. 어느 날, 탈레스는 그의 친구와 피라미드 주위를 걷고 있었습니다. 그는 파란 하늘을 배경으로 있는 피라미드를 보고 그 피라미드의 높이를 구하고 싶다는 생각이 들었답니다. 한참을 생각하고 있던 중 탈레스는 우연히 피라미드의 그림자를 보게 되었습니다. 태양이 점점 아래로 내려올수록 탈레스 자신의 그림자뿐만 아니라 피라미드의 그림자도 그 모양과 길이가 바뀌고 있었습니다. 두 개의 그림자는 일정 비율로 변화하고 있었으며 이 사실은 탈레스가 피라미드의 높이를 구하는데 필요로 했던 힌트를 제공했습니다.

탈레스는 자신의 키와 자신의 그림자의 길이를 알고 있었습니다. 또한 피라미드 그림자의 길이도 알고 있었습니다. 단지 알지 못하는 것은 피라미드의 높이였습니다. 비례식을 세우는 데 필요한 네 가지 값 중에 세 가지를 알고 있었기 때문에 탈레스는 다음과 같은 식을 통해 피라미드의 높이를 알 수 있었습니다.

탈레스 그림자의 길이 : 피라미드 그림자의 길이 = 탈레스의 키 : 피라미드의 높이

탈레스가 피라미드의 높이를 구했다는 소식은 이집트 전역에 빠르게 퍼졌고, 그의 현명함에 모든 사람들은 놀라워했습니다.

탈레스는 '왜?'와 '어떻게'라는 질문에 대답하는 것에 인생을 바침으로써 과학과 수학의 발전에 지대한 공헌을 하였습니다. 그래서 오늘날 패턴을 관찰하고 결과를 예측할 때마다 우리는 그를 떠올립니다.

게 임

멘탈 매직

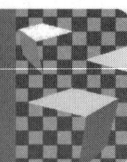

★★★★★

076 네가 생각한 수를 알 수 있다

수학을 좋아하는 영철이는 성호에게 수를 맞추는 마술을 할 수 있다고 했습니다. 성호가 해보라고 하자 영철이는 다음과 같이 이야기했습니다.

영철: 우선 여러 가지 수가 섞여 있는 네 자리 수를 써봐.

성호: 어, 적었어. (성호는 4723을 적습니다.)

영철: 그러면 그 네 개의 숫자를 자리를 바꾸어 다른 네 자리의 수를 만들어 봐.

성호: 어, 만들었어. (성호는 7432를 적습니다.)

영철: 그 두 수에서 큰 수에서 작은 수를 빼봐.

성호: 어, 뺏어.

영철: 그러면 그 수 중에서 0이 아닌 한 숫자를 ○표시를 해봐.

성호: ○표시 했어.

영철: 남은 숫자를 이야기 해줄래?

성호: 2, 0, 9야.

영철이는 가만히 생각하더니 ○표시한 수를 맞추었습니다.
그 수는 무엇이고 어떻게 했을까요?

★★★★★★
077   카드 맞추기

가민이는 친구가 고른 카드를 몇 번의 계산만 하면 맞추어 버린다고 합니다. 오늘도 가민이는 친구의 카드를 맞추고 있습니다.

가민: 트럼프 중에서, 마음에 드는 카드를 생각해.

친구: 응, 생각했어.

가민: 그 수에 그것보다 1 큰 수를 더해 봐.

친구: 응, 더했어.

가민: 그것을 5배 해.

친구: 응, 했어.

가민: 그것에 클로버를 6, 다이아를 7, 하트를 8, 스페이드를 9로 하여 그 수와 더해봐.

친구: 응, 더했어.

가민: 지금. 얼마야?

친구: 43

가민이는 바로 맞추어 버렸습니다.
그럼 친구는 처음 무슨 카드를 생각한 것일까요?

게임

★★★★★★
078　생일 날짜 맞추기

숫자를 16개씩 기입한 카드가 다음과 같이 5장 있습니다. 이 카드를 상대에게 보여주고 상대방이 자신의 생일 날짜가 들어 있는 알파벳을 말하면 상대방이 태어난 날을 맞출 수 있습니다. 어떻게 알 수 있을까요? 자신의 생일 날짜로 연습해보세요.

A			
1	3	5	7
9	11	13	15
17	19	21	23
25	27	29	31

B			
2	3	6	7
10	11	14	15
18	19	22	23
26	27	30	31

C			
4	5	6	7
12	13	14	15
20	21	22	23
28	29	30	31

D			
8	9	10	11
12	13	14	15
24	25	26	27
28	29	30	31

E			
16	17	18	19
20	21	22	23
24	25	26	27
28	29	30	31

이동 게임

★★★★★★
079 전진 게임

전진 게임이라고 하는 이 게임은 규칙은 간단하지만 재미있는 게임입니다. 다음과 같이 3×9칸에 바둑돌을 3개씩 둡니다. 이것을 번갈아 가면서 서로 움직입니다. 움직일 때는 앞뒤로만 움직이되 몇 칸을 이동해도 상관없습니다. 이렇게 하여 움직일 수 없게 된 쪽이 집니다.

전진게임에는 반드시 이기는 방법이 있다고 하는데 어떻게 해야 할까요?

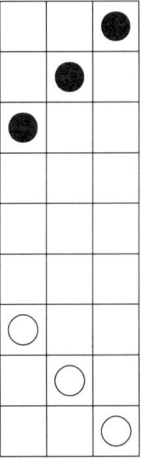

 게임

★★★★☆☆

080   좁은 길

다음 그림과 같이 긴 좁은 길의 양쪽에서 차가 세 대씩 왔습니다. 그렇지만 길이 좁아서 서로 스쳐 지나갈 수 없었습니다. 양쪽의 운전자들은 세 대가 한꺼번에 뒤로 돌아가기에는 너무 멀고 위험하기 때문에 서로 차를 뒤로 빼라고 옥신각신하고 있었습니다. 다행스럽게도 마침 길 중앙에는 차 한대가 들어갈 만한 작은 공간이 있습니다. 여러분이 이 작은 공간을 잘 이용하여 세 대씩, 여섯 대의 차가 서로 지나갈 수 있게 바꿔 넣어 보세요.

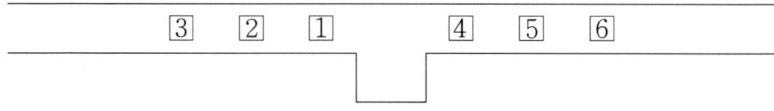

패턴 게임

★★★★★★
081 최후의 1인

이 게임은 1번이 서고, 2번이 앉고, 3번이 서고, 4번이 앉고, 5번이 서고, … 한명씩 건너뛰면서 앉는 게임입니다.

① 1번만 서 있기 위해서는 몇 번부터 출발하면 되겠습니까?
② 만약 30명이 이 게임을 하는데 1번부터 출발한다면 몇 번만 남겠습니까?
③ 이 게임의 규칙을 한번 찾아보세요.

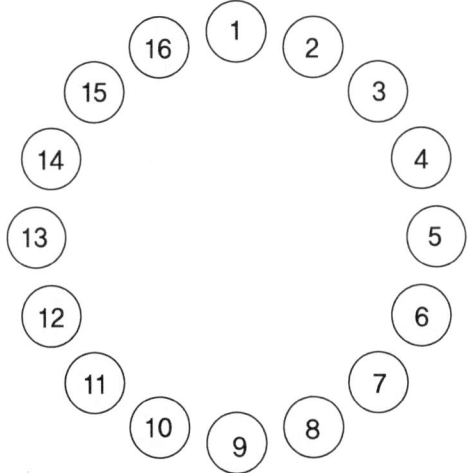

 게임인원과 최후의 1인의 표를 만들어 보고 규칙을 찾아 보세요.

 게임

★★★★☆☆

082　동전 앞면 찾기

책상 위에 동전 20개가 한 줄로 놓여 있습니다. 첫 번째 학생이 모든 동전을 앞면이 오게 놓았습니다. 두 번째 학생은 2의 배수에 있는 동전을 뒤집었으며, 세 번째 학생은 3의 배수에 있는 동전을 앞면이면 뒷면으로, 뒷면이면 앞면으로 바꾸었습니다. 네 번째 학생은 4의 배수의 동전을 뒤집었습니다. 그 다음 차례의 학생들은 자신이 차례와 같은 수의 배수에 있는 동전을 뒤집었습니다. 20명의 학생이 이러한 방법을 계속한다면 마지막으로 동전이 앞면에 있는 것은 어느 것일까요?

★★★★☆☆

083 피는 물보다 진하다

선장의 친아들과 의붓아들이 각 15명씩 타고 있던 배가 난파를 당했습니다. 선장은 30명 중에서 15명을 희생시키지 않으면 배가 침몰할 것이라고 말했습니다. 그래서 30명 전원을 둥글게 세워 놓고, 시계 방향으로 세어 나가다가 9번째 사람을 바다에 빠뜨리고 또다시 그 다음부터 세어 9번째 사람을 바다에 던지는 것으로 9번째 셀 때마다 해당되는 사람을 희생시키는 것이었습니다. 선장이 의붓아들만 희생을 당하도록 30명을 배열하였다고 한다면, 어떻게 배열하면 될까요?

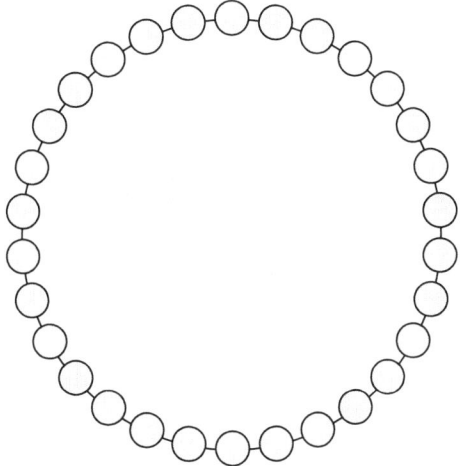

★★★★☆

084   사다리타기의 진실

우리는 사다리타기 게임을 자주 합니다. 여기에도 논리가 숨어 있습니다. 사다리타기는 밑으로 내려가다가 가로줄이 있으면 그 줄을 타야 하는 규칙은 모두 알고 있지요? 그럼 함께 그 논리를 찾아서 출발해 볼까요?

① 1번은 어디에 도착할까요?

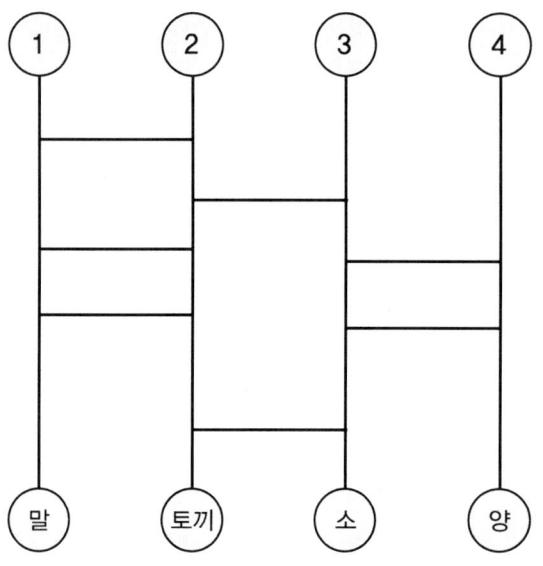

Tip 밑으로 쭉 내려가다가 가로줄이 있으면 그 줄을 타야 한다. 4명이 타는 사다리를 임의로 만들고 가장 위에 있는 가로줄을 보자. 만약 그것이 1번과 2번을 잇는 가로줄이라면 1번은 2번으로 옮겨가고 2번은 1번으로 옮겨간다. 1번과 2번이 가진 카드를 바꾸라고 한 거나 마찬가지이다. 그 다음 위에서 두 번째 가로줄도 마찬가지, 세 번째도 마찬가지이다. 그렇게 맨 아래에 있는 것까지 보면 원리를 알 수 있다.

즉 처음의 1-2-3-4가 첫 번째 가로줄로 인해 2-1-3-4가 되고 두 번째 가로줄 때문에 다시 2-3-1-4가 된다. 세 번째 가로 줄로 인해 3-2-4-1이 되고 네 번째 가로줄로 인해 2-3-1-4가 되며 마지막 가로줄로 인해 2-1-3-4가 된다.

② 자 그림 준비가 되었지요? 3번과 4번에 사이에 가로선을 어떻게 그어야 아래와 같은 결과가 나올지 가로선을 그어 보세요.

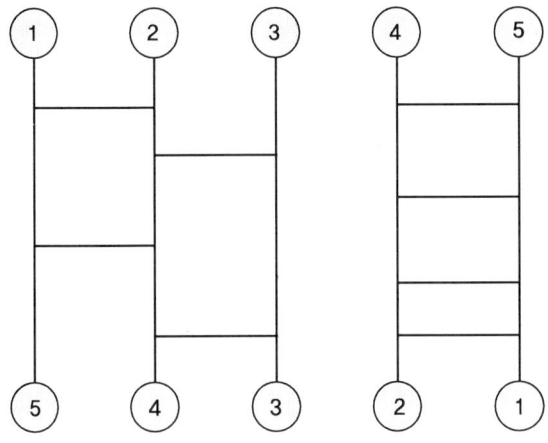

③ 다음과 같은 결과가 나오기 위해서는 점선 아래쪽에 가로선의 수가 몇 개가 필요할까요?

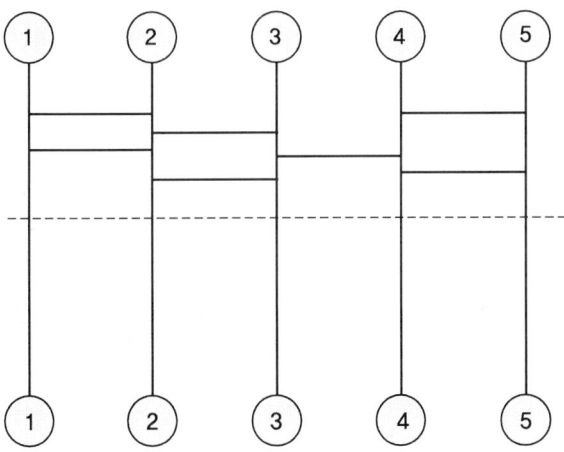

님 게임

★★★★☆

085   어떻게 하면 이길까?

언니가 지수에게 게임을 하자고 했습니다. 1에서 20까지 수를 말하는 게임인데 규칙은 한 번에 1개 또는 2개의 수를 이야기할 있고 마지막 20을 말하면 이기는 게임입니다. 그런데 게임을 여러 번 해도 지수는 결코 언니를 이길 수가 없었습니다. 반드시 이길 수 있는 방법이 있습니다. 언니는 어떻게 했을까요?

> **Tip**   20을 말하기 위하여 꼭 필요한 그 전의 수가 무엇일까?

★★★★★

086   마지막 핀 1개는?

그림과 같은 판의 33개의 구멍 중에 가운데 구멍만 남겨두고 핀을 꽂습니다. 그리고 세로나 가로에 핀이 나열되어 있어 이웃하는 구멍이 비어 있을 때 핀이 옆의 핀을 건너뛰어 빈 구멍으로 넣을 수 있습니다. 이때 건너뛰게 해준 핀은 뽑아버립니다. 이런 방법으로 해서 마지막 핀 1개만 남기는 것이 가능할까요?

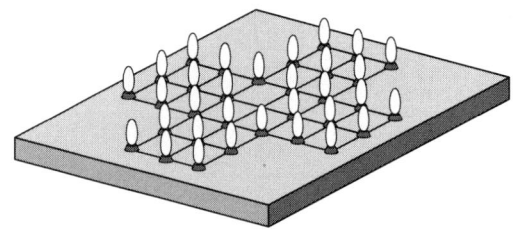

★★★★★★
087 　　세 산의 약

상대가 방법을 모른다면 먼저 이길 수 있는 퍼즐 게임으로 옛날부터 바둑돌을 이용한 〈세 산의 약〉이 있습니다.

바둑돌을 그림과 같이 적당히 집어 3개의 산을 만들어 봅시다.

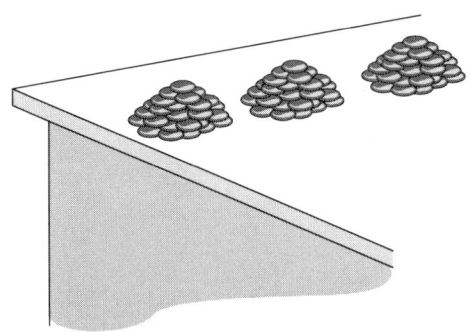

두 명이 겨루는 것으로 우선 먼저 하는 사람이 이 3개의 산 중 어느 하나의 산에서 원하는 수만큼의 바둑돌을 집습니다. 2개의 산에서 동시에 집으면 안 되고 1개의 산에서는 모두 집어도 좋습니다. 다음에 하는 사람은 다시 어느 산에서든 원하는 만큼의 바둑돌을 집습니다. 이와 같이 두 사람이 번갈아 바둑돌을 집어 가면 바둑돌은 점점 줄어들게 됩니다. 승패는 최후에 1개를 잡은 사람이 이기게 됩니다.

룰은 간단하지만, 몇 번 해도 항상 자신이 이기게 할 수 있습니다. 세 산의 약에서 반드시 이기는 법은 어떤 것일까요?

 게임

★★★★★☆
088 구슬 갖기 게임

은서와 은재가 구슬을 서로 가지고 가는 게임을 하고 있습니다. 규칙은 100개의 구슬을 순서대로 한 번에 각각 1개에서 10개의 구슬을 가지고 갈 수 있으며, 마지막 구슬을 가지고 가는 사람이 이기는 것입니다. 어떻게 하면 언제나 이길 수 있을까요?

★★★★★☆
089 필승의 비법

100개의 바둑돌이 있습니다. 두 사람이 번갈아 가며 바둑돌을 가져가는데 한 번에 3개까지 가져 갈 수 있습니다. 단, 가져가지 않는 경우는 없습니다. 즉 한 번에 1개 또는 2개 또는 3개의 바둑돌을 가져가야 합니다. 마지막 100번째의 바둑돌을 가져가면 승리한다고 할 때, 어떻게 하면 이 게임에서 승리할 수 있을까요? 게임에서 반드시 이길 수 있는 전략은 무엇인지 적어 보세요.

달력 퍼즐

★★★★★☆
090 윤년구하기

우리는 양력을 사용하는데 양력은 지구가 태양을 한 바퀴 도는 것을 기준으로 만들어졌습니다. 그러나 지구가 태양을 돌 때 정확하게 365일 만에 도는 것이 아니기 때문에 양력의 1년은 365일이지만, 4년마다 윤년으로 하루가 늘어 366일이 됩니다. 여러분은 윤년이란 말을 들어본 적이 있을 것입니다. 2월이 28일인 해도 있고 29일인 해도 있습니다. 그러나 정확하게는 다음과 같이 윤년을 정하고 있습니다.

① 4로 나누어떨어지는 해는 윤년으로 한다. (2008년)
② 그 중 100으로 나누어떨어지는 해는 윤년이 아니다. (1900년)
③ 다만 400으로 나누어떨어지는 해는 윤년으로 한다. (2000년)

그러면 여러분들이 1980년부터 2010년까지 윤년을 구해보세요.

Tip 직접 달력을 보면서 자신이 한 것이 맞는지 확인해보세요.

★★★★★★
091 달력의 비밀 1

평년의 한 가운데의 날짜는 몇 월 몇 일일까요?

게임

★★★★★★
092　달력의 비밀 2

평년 1년 중 요일과 날짜까지 똑같은 달이 있습니다. 그것은 몇 월과 몇 월일까요?

★★★★★★
093　달력의 비밀 3

달력에서 월과 일의 모든 수를 각각 더한 것이 가장 작은 날은 당연히 1월 1일이 됩니다. 그럼 달력에서 월과 일의 모든 수를 각각 더한 것이 가장 큰 날은 몇 월 몇 일일까요?(단, 각각의 자릿수를 더해야 합니다.)

Tip　예) 10월 15일 → 1+0+1+5

★★★★★★
094　달력의 비밀 4

양력 2009년의 달력과 전부 똑같이 되는 해는 양력 몇 년일까요?

★★★★★★
095　달력의 비밀 5

21세기는 총 며칠일까요?

★★★★★★
096 그때가 무슨 요일이었지?

다음 두 개의 표가 있습니다. 1982년부터 2009년까지의 몇월 몇일을 알려면 표만 보면 됩니다. 표를 잘 분석해보고 다음에 나오는 날짜가 무슨 요일인지 알아봅시다. 단, 색칠된 부분은 윤년입니다.

① 1985년 6월 7일은 무슨 요일일까요?
② 2004년 2월 23일은 무슨 요일일까요?
③ 2009년 여러분 생일은 무슨 요일일까요?

〈표 1〉

차례	년				
A	1982		1993	1999	2004
B	1983	1988	1994		2005
C		1989	1995	2000	2006
D	1984	1990		2001	2007
E	1985	1991	1996	2002	
F	1986		1997	2003	2008
G	1987	1992	1998		2009

〈표 2〉

일요일 \ 차례 \ 월	1	5	8	2	6	9	4
	10			3		12	7
			2	11			1
1 8 15 22 29	C	B	A	G	F	E	D
2 9 16 23 30	B	A	G	F	E	D	C
3 10 17 24 31	A	G	F	E	D	C	B
4 11 18 25	G	F	E	D	C	B	A
5 12 19 26	F	E	D	C	B	A	G
6 13 20 27	E	D	C	B	A	G	F
7 14 21 28	D	C	B	A	G	F	E

Tip 1998년 12월 18일은 우선 〈표 1〉에서 1998년이 G라고 표시되어 있고, 〈표 2〉에서 12월의 G는 20일이 일요일이기 때문에 18일은 금요일(윤년은 색칠된 부분)

097 21세기 달력

★★★★★★

다음의 표만으로 양력 2000년부터 100년간의 요일을 조사한 것을 만들 수 있습니다. 다음의 표를 보고 분석하여 다음의 날짜가 무슨 요일인지 알아보세요.

① 2009년 7월 22일은 무슨 요일일까요?
② 2016년 2월 23일은 무슨 요일일까요?
③ 2009년 여러분 생일은 무슨 요일일까요?

년(윤년의 1, 2월은 색칠되어 있는 것)   일

2000	2000	2001	2002	2003	2004	2004	1	2	3	4	5	6	7
2005	2006	2007	2008	2008	2009	2010	8	9	10	11	12	13	14
2011	2012	2012	2013	2014	2015	2016	15	16	17	18	19	20	21
2016	2017	2018	2019	2020	2020	2021	22	23	24	25	26	27	28
2022	2023	2024	2024	2025	2026	2027	29	30	31	*	*	*	*
5	1,10	4,7	9,12	6	2,3,11	5	일	월	화	수	목	금	토
1,10	4,7	9,12	6	2,3,11	5	8	토	일	월	화	수	목	금
4,7	912	6	2,3,11	5	8	1,10	금	토	일	월	화	수	목
9,12	6	2,3,11	5	8	1,10	4,7	목	금	토	일	월	화	수
6	2,3,11	5	8	1,10	4,7	9,12	수	목	금	토	일	월	화
2,3,11	5	8	1,10	4,7	9,12	6	화	수	목	금	토	일	월
5	8	1,10	4,7	9,12	6	2,3,11	월	화	수	목	금	토	일

             월   요일

 ### 도박사와 수학자

확률 이론은 수학의 다른 분야에 비해 뒤늦게 체계화되었습니다. 확률의 가장 대표적인 도구라고 할 수 있는 주사위는 아주 오래 전 고대 문명의 발상지에서부터 출토되었는데, 종교적 의식을 행할 때 신성한 판단을 내리기 위해 주사위를 던졌을 것으로 추측됩니다. 이런 주술적인 상황에서의 선택은 신의 의지에 따르기 때문에 유한한 인간이 가능성, 즉 확률을 분석하는 것은 불경스러운 것으로 간주되었습니다.

그러다보니 우연 현상과 불확실성을 다루는 확률 분야는 다른 수학 분야에 비해 이론화 작업이 늦게 이루어졌습니다. 주술적인 의식에서는 초월자의 선택이라고 여겨 시도조차 하지 못했던 확률의 이론적 분석이 도박의 판돈을 계산하는 지극히 인간적인 상황과 맞물리면서 활발하게 연구된 것입니다.

개인 차이가 있기는 하지만 대부분의 인간은 어느 정도 도박에 탐닉하는 경향성을 지니고 있습니다. 도박은 불건전한 일종의 사회악으로까지 간주되지만 확률 이론의 정립에는 중요한 역할을 했습니다.

도박에서 확률로 발전하게 되는 일화를 소개합니다.

18세기 프랑스의 도박사 드 메레는 당시 최고의 수학자인 파스칼에게 도박과 관련된 문제를 의뢰했습니다. 흔히 '점수 문제(problem of points)'라고 불리는 이 문제는 확률론이 발전하는 중요한 계기를 마련했습니다.

A, B 두 도박꾼이 득점할 확률은 똑같다고 합니다. 이 두 사람이 먼저 3점을 얻으면 이기는 내기를 했습니다. A, B는 각각 32만 원의 돈을 걸어 이기면 64만 원을 갖기로 했습니다. A는 2점, B는 1점을 득점한 상태에서 게임을 중단하였을 경우, A와 B가 차지해야 할 몫은 어떻게 될까요?

드 메레의 의뢰를 받은 파스칼은 이 문제를 다음과 같이 해결했습니다.

A가 이기면 점수는 A : B = 3 : 1이므로 A는 64만 원을 갖게 됩니다. 또 B가 이기면 점수는 A : B = 2 : 2이므로 A와 B는 각각 32만 원씩을 갖게 됩니다. 이 두 상황을 종합할 때, A는 32만 원을 이미 확보해 놓았고, 나머지 32만 원을 더 얻을 확률은 $\frac{1}{2}$이므로 A는 32+32×$\frac{1}{2}$=48만 원, B는 16만 원을 가지면 됩니다.

파스칼은 자신과 쌍벽을 이루던 수학자 페르마에게 자신의 풀이를 보냈으며, 페르마는 다른 방법으로 문제를 해결하였습니다.

A가 2점, B가 1점을 득점한 경우, 앞으로 최대 2번으로 승패가 결정됩니다. 이때 나타날 수 있는 경우는 모두 4가지로, 두 번 모두 A가 이기는 경우, A가 이기고 그 다음에 B가 이기는 경우, B가 이기고 나서 A가 이기는 경우, 2번 모두 B가 이기는 경우입니다. 이 4가지 경우 중 최종적으로 A가 이기는 경우는 앞의 3가지이고 B가 이기는 경우는 마지막 1가지입니다. 따라서 A는 64의 $\frac{3}{4}$인 48만 원을 갖고, B는 나머지 16만 원을 가지면 됩니다.

페르마는 이 풀이법을 다시 파스칼에게 보냈고, 파스칼은 이에 착안하여 '이항정리'로 이 문제를 다시 풀었습니다. A가 2점, B가 1점 득점한 경우 승패를 가리기 위해 해야 하는 게임이 최대 2번이므로, 제곱식을 이용할 수 있다. $(A+B)^2=A^2+2AB+B^2$에서 첫째 항 A^2과 둘째 항 $2AB$는 A의 승리가 되며, 마지막 항 B^2은 B의 승리가 된다. 따라서 A와 B가 승리할 때의 계수는 각각 3과 1이므로, $\frac{3}{4}$이 A가 승리할 확률이며, 나머지 $\frac{1}{4}$이 B가 승리할 확률이라고 결론을 내렸습니다.

수 논리

분리 퍼즐

★★★☆☆

098 주방장의 고민

어느 식당의 주방장이 요리를 하고 있습니다. 그런데 요리를 하는 중에 1 L의 물이 필요하게 되었습니다. 그런데 주방에는 정확하게 수치를 재는 계량컵이 없고 7 L짜리 양동이와 5 L짜리 양동이밖에 없습니다. 주방장이 정확하게 1 L의 물을 얻고자 하면 어떻게 해야 할까요?

> **Tip** 먼저 5 L로 7 L에 부은 다음 다시 5 L로 7 L에 부으면 5 L에는 3 L가 남음을 이용하자.

★★★★☆

099 물 나누기 1

12 L, 7 L, 5 L 세 개의 물통이 있습니다. 12 L의 물통에만 물이 가득 차 있고, 나머지 물통은 비어 있습니다. 이 물통 3개로 6 L의 물 2통을 만들어 보세요.

★★★★★☆

100 물 나누기 2

8 L, 5 L, 3 L 세 개의 물통이 있습니다. 8 L의 물통에만 물이 가득 차 있고, 나머지 물통은 비어 있습니다. 이 물통 3개로 4 L의 물을 만들어 보세요.

★★★★★☆

101 위조동전은 어느 자루에 있을까?

금화가 가득 들어 있는 자루가 3개 있습니다. 그 중 한 자루에는 개당 무게가 55 g 나가는 위조동전이 가득 들어 있습니다. 나머지 두 자루에는 개당 무게가 50 g 나가는 동전이 들어 있습니다. 이 위조동전을 식별하기 위해 무게를 잴 수 있는 저울은 단 하나밖에 없습니다. 이 저울은 매우 정확하여 오차를 일으키지 않습니다. 위조동전이 들어 있는 자루를 식별해내기 위해서는 어떻게 무게를 재어야 할까요?

Tip 각각의 자루에서 1개, 2개, 3개의 동전을 꺼내어 6개의 무게를 재어 보세요.

분수 퍼즐

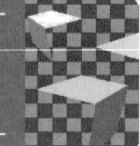

★★★★★★
102 물이 샐까?

어느 회사에서 아파트 주민들이 쓸 커다란 물탱크를 만들었습니다. 이 물탱크는 입수관을 열어 빈 탱크의 물을 채우는 데는 1시간이 걸리고 배수관을 열어 가득 찬 물탱크의 물을 비우는 데는 3시간이 걸립니다. 그런데 이 회사에서 물탱크가 불량인지 아닌지 검사하기 위하여 입수관과 배수관을 동시에 열어 놓았더니 물탱크가 가득 차는 데 2시간이 걸렸습니다. 이 물탱크는 정품인지 물이 새는 불량품인지 알아보세요. 또, 물탱크가 제대로 만들어졌다면 물을 가득 채우는데 얼마가 걸릴지, 또 만약 물탱크에서 물이 샌다면 가득 찬 물이 얼마 만에 다 새는지 알아보세요.

Tip 전체를 1로 생각해보세요. 물을 채우고 빼는데 각각 한 시간이면 어떻게 될까 생각해보세요.

★★★★★☆
103 얼마 만에 만날까?

병규는 대구에 살고 있고 창섭이는 부산에 살고 있습니다. 두 사람이 같이 출발하여 만나기로 했습니다. 대구에서 부산까지 가는데 병규네 차로 가면 2시간이 걸리고, 부산에서 대구까지 창섭이네 차로 가면 3시간이 걸립니다. 만약 두 명의 자동차가 동시에 출발하면 몇 시간이 지나 서로 만나게 될까요?

104 잔디를 깎는데 걸리는 시간은?

★★★★★★

다음과 같은 속도로 남자 4명이 다같이 일을 한다면 잔디를 깎는데 걸리는 시간은 얼마일까요?

① 남자 A는 잔디를 깎는데 2시간이 걸린다.
② 남자 B는 잔디를 깎는데 3시간이 걸린다.
③ 남자 C는 잔디를 깎는데 4시간이 걸린다.
④ 남자 D는 잔디를 깎는데 6시간이 걸린다.

★★★★★★

105 욕조에 물을 채우는데 걸리는 시간은?

온수를 틀면 욕조에 물을 채우는데 6분이 걸리고, 냉수를 틀면 욕조에 물을 채우는데 4분이 걸리고, 마개를 빼면 4분 만에 욕조에 있는 물이 모두 빠져나간다고 합니다. 마개를 빼고 온수와 냉수를 모두 틀어 욕조에 물을 채우려면 몇 분이나 걸릴까요?

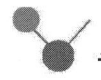

수 논리

★★★★★☆
106 며칠이 걸릴까?

어떤 형제가 벽돌로 담을 쌓고 있는데 형이 이 담을 쌓으면 4일이 걸리고 동생이 쌓으면 5일이 걸립니다. 그러면 다음과 같은 때는 며칠이 걸릴까요? 각각의 경우를 생각해 보세요.

① 먼저 형제가 함께 2일을 쌓은 후 나머지를 형이 혼자서 쌓을 때
② 먼저 형제가 함께 2일을 쌓은 후 나머지를 동생이 혼자서 쌓을 때
③ 먼저 형이 혼자서 2일을 쌓은 후 나머지를 동생이 쌓을 때
④ 먼저 동생이 혼자서 2일을 쌓은 후 나머지를 형이 쌓을 때
⑤ 먼저 동생이 혼자서 2일을 쌓은 후 나머지를 함께 쌓을 때
⑥ 먼저 형제가 함께 절반을 쌓은 후 나머지를 형이 혼자서 쌓을 때

Tip 전체를 1로 보아요.

★★★★☆☆
107 몇 마리씩 나누지?

아버지가 돌아가시면서 유언을 남겼습니다. 아버지가 키우고 있던 소 17마리 중 첫째 아들에게는 전체의 $\frac{1}{2}$을, 둘째 아들에게는 전체의 $\frac{1}{3}$을, 셋째 아들에게는 전체의 $\frac{1}{9}$을 남겨주고자 하였습니다. 아버지가 돌아가시고 난 후 형제들은 아버지의 유언대로 소를 나누고자 하였으나 17마리가 딱 나누어떨어지지 않아 고민하였습니다. 그래서 마을에서 제일 현명한 어른께 물어보니 빙그레 웃으면서 바로 소를 나누어 주었습니다. 마을의 어른은 어떻게 해결을 했을까요?

Tip 2, 3, 9의 최소공배수를 생각해서 계산해보세요.

◆ 분수 퍼즐

★★★★★☆
108　　콩쥐의 구멍난 장독

콩쥐가 장독에 물을 채우는데 3시간이 걸리고 가득 찬 장독에서 구멍으로 물이 모두 빠져나가는 데는 4시간이 걸립니다. 이런 장독에 물을 가득 채우는데 13시간 걸렸습니다. 이 장독은 물이 새겠습니까? 구멍을 막고도 물이 샌다면 몇 시간이 되어야 다 새겠습니까?

★★★★★☆
109　　노인은 얼마나 누워 있었을까?

어느 노인이 자신의 생애를 되돌아보았습니다. 이 노인은 인생의 절반쯤 되었을 때 불의의 사고로 인해 식물인간이 되어 버렸습니다. 이 노인이 다시 손가락을 움직이게 된 것은 그가 식물인간이 된 기간의 절반에 해당하는 시기였습니다. 이 노인은 인생의 어느 정도를 식물인간으로 지낸 것일까요?

측정 퍼즐

★★★★☆☆

110 과일의 무게

접시저울에 사과, 배, 감을 얹어 놓고 어느 것이 무거운지 비교하였습니다. 추의 무게는 똑같고 저울이 다음과 같이 모두 수평을 이루었을 때 사과와 감 중에서 어느 과일이 무거운지 맞추어 보세요.

①
②
③

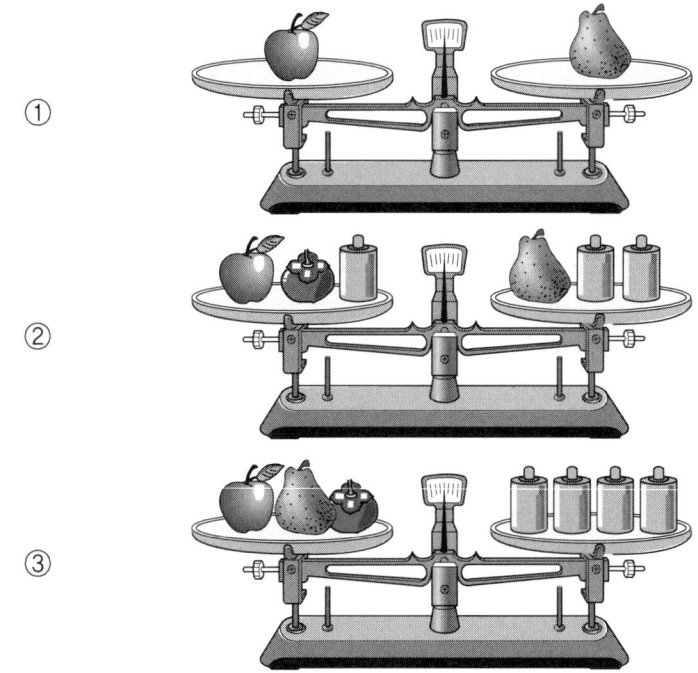

Tip ①에서 사과와 배의 무게는 같습니다. ②에서 감의 무게는 추 1개의 무게와 같습니다.

★★★★☆☆

111 닭의 무게는?

경구네 가족은 닭과 병아리를 키우고 있습니다. 어느날 경구는 닭과 병아리의 무게를 알고 싶었습니다. 그러나 경구는 작은 저울만 가지고 있어서 병아리의 무게만을 잴 수가 있었습니다. 병아리 한 마리의 무게는 200 g이었습니다. 그래서 큰 접시저울로 닭의 무게를 알아보려고 닭과 병아리를 다음과 같이 올려보니 접시는 수평이 되었습니다. 닭 한 마리의 무게는 몇 g일까요?

Tip 접시저울이 수평을 이루기 때문에 같은 수의 닭과 병아리를 함께 빼고 생각합니다.

수 논리

★★★★★☆
112 몸무게가 얼마일까?

진수는 4명의 친구들과 몸무게를 재었습니다. 5명이 한꺼번에 저울에 올라서니 200 kg이 나왔습니다. 그 다음에는 두 사람씩 짝이 되어 몸무게를 재어 보니 그 결과가 다음과 같이 나왔다면 각자의 몸무게는 얼마일까요?

① 진수 + 영수 = 80
② 영수 + 영철 = 81
③ 영철 + 수환 = 77
④ 수환 + 진교 = 77

Tip 중복되는 조건을 하나씩 제거하면서 생각해보세요.

★★★☆☆☆
113 저울 퍼즐 1

다음의 저울은 수평을 이루고 있습니다. 세 번째 저울에서 ? 안에 들어갈 ★은 몇 개일까요?

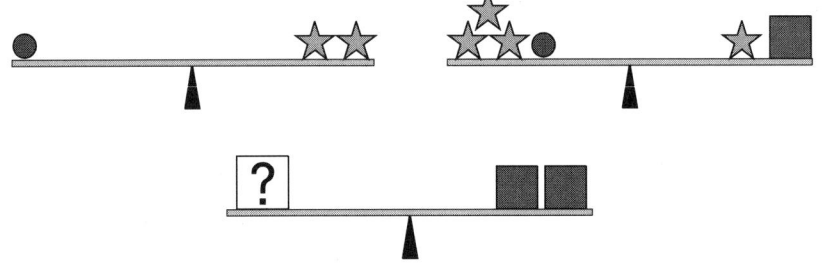

Tip 첫 번째 저울에서 ●를 ★★로 대체합니다.

◆◆◆◆◆◆◆◆◆◆◆◆◆◆◆◆◆◆◆ 측정 퍼즐

★★★★☆☆
114　　저울 퍼즐 2

다음의 저울은 수평을 이루고 있습니다. 세 번째 저울에서 ? 안에 들어갈 ★은 몇 개일까요?

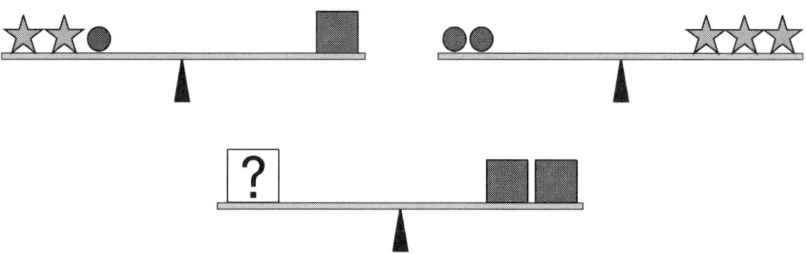

Tip 첫 번째 저울대를 2배로 합니다.
두 번째 저울대를 사용하여 ●●를 ★★★로 대체합니다.

★★★★★☆
115　　저울 퍼즐 3

다음의 저울은 수평을 이루고 있습니다. 세 번째 저울에서 ? 안에 들어갈 ★은 몇 개일까요?

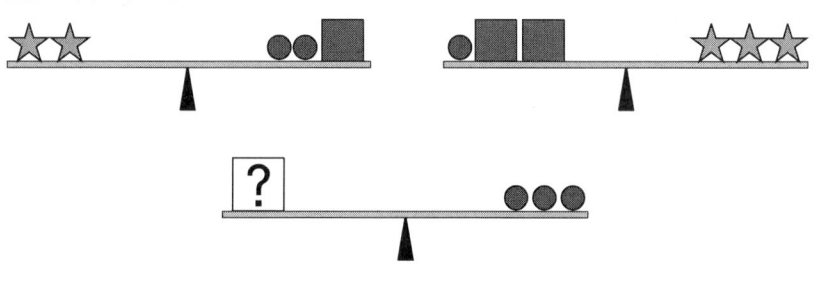

수 논리

★★★★☆

116 모빌의 균형의 잡아라

1g~8g의 무게의 인형이 있습니다. 다음과 같은 모빌에 균형이 맞도록 인형을 달려고 한다. 어느 위치에 각각 몇 그램의 인형을 달아야 할까요?

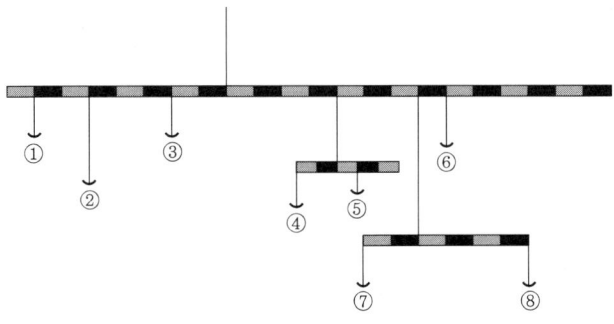

Tip 중심으로부터 떨어진 거리와 무게와의 관계를 잘 생각해보세요.

★★★★☆☆

117 파란색 동전의 무게는?

동전의 무게가 파란색 동전 2개는 녹색 동전 5개 , 녹색 동전 2개는 노란색 동전 2개와 빨간색 동전 3개, 빨간색 동전 1개는 노란색 동전 6개와 같다면 파란색 동전 1개는 몇 개의 노란색 동전 무게와 같을까요?

시간 퍼즐

★★★★★★
118 시간여행

빛보다 빠른 속도로 간다면 시간 여행이 가능할까요?

> **Tip** 빛보다 빨리 간다는 말은 시간을 거스른다는 말보다는 다른 사람과 시간이 다르다는 말과 같습니다.

★★★★★☆
119 시 계

나와 동생은 오래된 시계를 가지고 있습니다. 그런데 시간이 자꾸 틀려서 동생과 함께 시계를 정확하게 자정에 맞추었습니다. 그 후 내 시계는 평균 1시간에 2분씩 늦게 가기 시작했고 동생의 시계는 1시간에 2분씩 빨리 가기 시작했습니다. 그런데 어느 날 시계를 보니 동생의 시계는 내 시계보다 2시간이 빨리 가고 있었습니다. 내가 시계를 봤을 때 정확한 시간은 몇 시였을까요?

> **Tip** 형과 동생의 시간 차이를 먼저 생각해보세요.

수 논리

★★★★★★
120 둘이 만나려면

마라톤 선수인 봉주는 얼마 후에 있을 대회를 대비하여 호수 주위를 따라 마라톤 연습을 하고 있습니다. 그런데 봉주가 연습을 시작한지 1시간이 지났을 때 대회가 연기된다는 소식을 접한 코치가 봉주에게 알려주려 자전거를 타고 봉주에게로 갔습니다. 호수 주위의 전체 길이는 45 km인데 봉주는 시속 20 km로 달리고 코치는 자전거로 시속 30 km로 달렸습니다. 코치가 봉주를 만나는 데 걸리는 최단 시간은 얼마일까요?

Tip 뒤를 따라가는 경우와 달려오는 쪽으로 가는 경우로 구분하세요.

★★★★★☆
121 물건 옮기기

운동회 종목 중에서 4개의 물체를 빨리 상대편으로 옮기면 이기는 경기가 있습니다. 그런데 각 물건의 무게가 다르기 때문에 옮기는데 걸리는 시간이 각각 다릅니다. 즉 물건 A를 들고 옮기는데 걸리는 시간은 1분 30초이며, 물건 B는 2분 40초, 물건 C는 3분 10초, 물건 D는 4분 40초가 걸립니다. 그리고 양손에 물건을 들 수는 있지만 두 물건을 들었을 경우에는 옮기는데 오래 걸리는 시간이 적용됩니다. 되돌아 올 때도 손에는 물건이 들려져 있어야 합니다. 물건을 옮길 때 가장 빠른 방법은 무엇이며 시간은 얼마나 걸릴까요?

Tip 두 물체를 동시에 들었을 때 오래 걸리는 시간을 생각하세요.

연산 논리

★★★★☆
122 원래 몇 개지?

세훈이네 반은 오늘 파티를 하기로 했습니다. 그래서 선생님은 사과와 배, 수박, 케이크를 준비해 오셨습니다. 선생님은 모두 77개의 음식을 준비해 오셨는데 2명이 사과 하나를 먹고 3명이 배 하나, 4명이 수박 하나를 먹었으며 5명이 케이크 하나씩을 먹었습니다. 그러면 우리 반은 모두 몇 명이고 사과, 배, 수박, 케이크는 각각 몇 개가 있었을까요?

★★★★☆
123 사탕의 원래 양은?

철수가 사탕 한 봉지를 샀습니다. 한 봉지의 사탕을 먹는데 첫날에는 봉지의 $\frac{1}{7}$을 먹고, 두 번째 날에는 나머지의 $\frac{1}{6}$을 먹었으며 세 번째 날, 네 번째 날, 다섯 번째 날, 여섯 번째 날에는 각각 그전에 남은 사탕의 $\frac{1}{5}$, $\frac{1}{4}$, $\frac{1}{3}$, $\frac{1}{2}$을 먹었습니다. 그런데도 아직 12개가 남아 있다면 이 봉지에는 사탕이 모두 몇 개 들어 있었을까요?

Tip 전체를 1로 생각해보세요. 수직선이나 상자를 그려도 좋아요.

수 논리

★★★★★☆
124 터널 통과 시간

우리나라에는 KTX라는 고속 열차가 있습니다. 이 열차는 평균 시속 300 km/h로 달립니다. 그리고 열차의 길이는 $\frac{1}{5}$ km입니다. 이 열차가 600 m의 터널을 완전히 통과하는데 소요되는 시간은 얼마일까요? 단, 열차의 끝부분까지 터널을 완전히 통과하여야 합니다.

★★★★★☆
125 기차가 만날 때

서울에서 부산까지의 거리는 540 km입니다. 서울에서 120 km/h의 속력으로 기차가 출발을 하였습니다. 그리고 같은 시각에 부산에서는 196 km/h의 속도로 기차가 출발하였습니다.
몇 시간 후에 두 대의 기차가 만나게 되는지 알아보세요.

Tip 두 기차가 만나는 시간 동안 움직인 거리가 총 거리입니다.

★★★★★★
126   우리나라 수학자 2

다음 왼쪽 그림은 최석정의 지수귀문도(地數龜文圖)입니다. 육각형의 꼭짓점에 1~30의 수를 넣어 육각형의 합이 93이 되도록 만드는 것입니다. 오른쪽 그림은 지수용육도(地數用六圖)인데 1~20의 수를 넣어 육각형의 꼭짓점에 있는 수의 합이 63이 되도록 하는 것입니다.

○ 안에 수를 넣어 만들어 보세요.

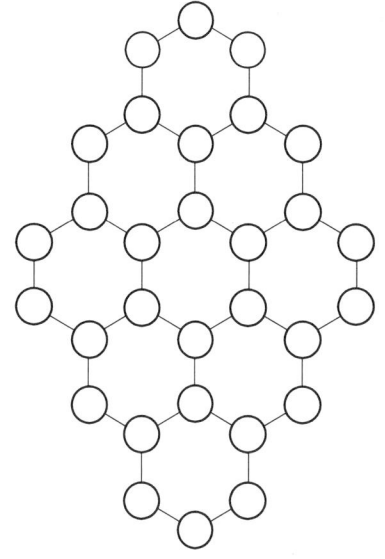
지수귀문도

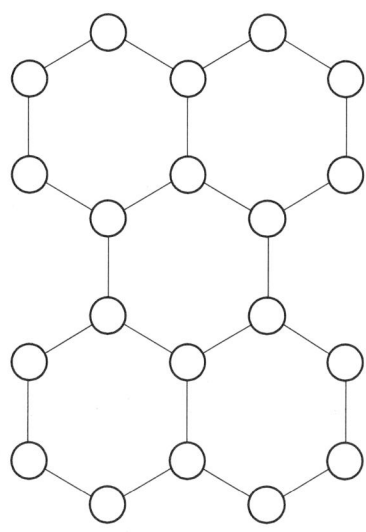
지수용육도

수 논리

★★★★★☆
127　나이 맞히기

선생님이 수업을 하고 있는데 스승의 날이 되어 옛 제자와 그 동생 2명이 교실로 찾아 왔습니다. 옛 제자와 그 동생들의 나이를 곱하면 450이고 3명의 나이를 더하면 선생님의 나이와 같습니다. 반 학생들에게 세 명의 나이를 알아보라고 질문을 하니 학생들은 답변을 하지 못했습니다. 그래서 "제자의 동생 중에는 선생님의 아들보다 나이가 적은 동생이 1명 있습니다." 라고 말해 주었습니다. 이미 선생님 아들의 나이를 알고 있는 교실에 있던 학생들은 세 사람의 나이를 각각 몇 살이라고 했을까요?

★★★★★☆
128　몇 배로 확대될까?

성희는 정사각형 모양의 종이를 7장 가지고 있습니다. 이 중 6장으로 정육면체를 만들고 나니 1장이 남았습니다. 성희는 남은 1장을 돋보기로 보니 종이의 면적이 36배로 확대되어 보였습니다. 만약 성희가 이 돋보기로 방금 만든 정육면체를 본다면 이 정육면체의 부피는 몇 배로 확대되어 보일까요?

Tip　길이, 넓이, 부피의 관계를 생각해보세요.

★★★★★☆
129 순서를 찾아라

1에서 6까지 수가 적힌 카드가 있습니다.
다음의 지시에 맞게 적절히 수 카드를 배열해보세요.
① ④에서 ②까지의 수를 모두 합하면 13이다.
② ⑥에서 ⑤까지의 수를 모두 합하면 14이다.
③ ④에서 ③까지의 수를 모두 합하면 21이다.

Tip 카드의 선후를 생각해보세요.

★★★★★☆
130 몇 개씩 가지고 있을까?

성훈이와 준현이는 구슬놀이를 하고 있었습니다. 만일 준현이가 구슬 10개를 성훈이에게 주면 2명의 구슬 수는 같아집니다. 그리고 만일 성훈이가 준현이에게 구슬 10개를 주면 두 명이 가지고 있는 구슬의 차가 성훈이에게 남은 구슬의 수의 5배가 됩니다. 처음 성훈이와 준현이는 각각 몇 개의 구슬을 가지고 있었을까요?

수 논리

★★★★★☆
131 사탕을 나누다

선생님은 착한 일을 한 수만큼 창수, 중원, 동휘에게 14개의 사탕을 나누어 주었습니다. 나중에 나누어 가진 사탕 수를 보니 중원이는 창수가 가지고 있는 사탕 수의 반, 동휘는 창수가 가지고 있는 사탕 수의 2배가 되었습니다. 창수, 중원, 동휘가 가지고 있는 사탕 수는 각각 몇 개일까요?

★★★★☆☆
132 전봇대 사이의 거리는?

곧은길에 일정한 간격으로 8개의 큰 전봇대가 세워져 있습니다. 전봇대 하나의 지름은 50 cm이고 한쪽 끝의 전봇대에서 다른 쪽 끝의 전봇대까지 길이를 재어보니 총 452 m였습니다. 그러면 전봇대 2개 사이의 거리는 얼마일까요?

Tip 지름이 포함됨을 잘 생각해야 합니다.

★★★★☆☆
133　　연속된 수

다음에 나오는 ㉮~㉲는 5개의 연속된 수입니다. 다음 규칙을 보고 ㉮~㉲가 각각 어떤 수인지 알아보고 5개의 수를 모두 합한 값은 얼마인지 알아보세요.

㉮ + ㉯ = 37

㉱ + ㉲ = 31

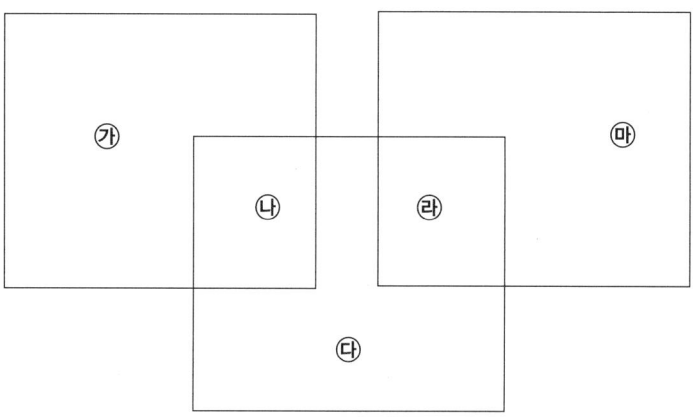

Tip ㉮부터 ㉲까지 각 수의 차이가 1임을 알고 있으므로 ㉮와 ㉯의 관계와 ㉲와 ㉱의 관계를 생각한다면 ㉮와 ㉲의 관계를 알 수 있어요. 즉, ㉮와 ㉲의 수 중 어느 수가 큰 지 안다면 쉽게 해결이 되지요.

★★★★☆

134   도대체 모두 몇 명이지?

어떤 음식점에 많은 사람들이 모임을 가졌습니다. 주방장은 음식을 준비하기 위해 각각의 테이블에 모둠을 만들려고 하니 5명씩 모으면 4명이 남고 6명씩 모으면 5명이 남고 7명씩 모으면 6명이 남게 됩니다. 이 모음에는 최소 몇 명이 모였을까요?

Tip   얼마나 남느냐를 얼마나 모자르냐로 바꾸어 생각해보세요.

★★★★☆

135   악어와 악어새

동물원에 가보니 많은 동물들이 있었습니다. 그 중에 흥미로웠던 것은 악어 우리였습니다. 악어 우리에 가보니 수많은 악어들과 악어새들이 있었습니다. 악어와 악어새가 몇 마리가 있는지 세어보니 50마리가 있었고, 악어의 발과 악어새의 발의 합이 126개였습니다. 악어와 악어새는 각각 몇 마리일까요?

Tip   표를 이용해서 할 수도 있지만, 악어의 발이 2개 있다고 가정한 다음 남는 다리를 생각해보세요.

◆ 연산 논리

★★★★★☆
136　　참석한 인원은?

현수는 부모님의 동창회에 같이 참여하였습니다. 큰 식당에서 삼겹살을 구워 먹었는데 모두 52명의 사람이 참여하여 50인분의 삼겹살을 먹었습니다. 여기서 어른들은 1명이 2인분을 먹고, 어린이들은 2명이 1인분을 나누어 먹었습니다. 그렇다면 어른과 어린이는 각각 몇 명이 참가했을까요?

Tip　어른도 어린이처럼 2명이 1인분을 먹었다고 생각해보세요.

★★★★★☆
137　　송편의 개수는?

어머니는 집에서 만든 송편을 이웃들에게 나누어 주기 위하여 송편을 몇 개의 접시에 담으려고 합니다. 그런데 한 접시에 11개의 송편을 담으면 마지막 접시에는 3개가 모자라고 13개씩 담으면 딱 맞게 담을 수는 있으나 11개씩 담을 때보다 한 접시가 적게 됩니다. 송편은 모두 몇 개 있을까요?

수 논리

★★★★☆
138   누가 많이 칠했을까요?

민수와 영준은 학교 앞길 양 울타리에 노란색 페인트를 칠하기 위해 만나기로 했습니다. 민수가 학교에 도착한 시간이 빨라서 오른쪽 3 m를 먼저 칠하고 있었습니다. 그런데 영준이가 도착해서 민수에게 왼쪽을 칠하라고 말했습니다. 그래서 민수는 새로 왼쪽을 칠하기 시작했고, 영준이는 민수가 칠하고 있던 오른쪽을 이어서 칠했습니다. 영준이가 오른쪽을 다 칠하고 나서 민수를 도와주기 위하여 왼쪽으로 건너가 6 m를 칠해서 일을 마무리했습니다.
양옆의 울타리의 길이가 똑같을 때 누가 얼마나 더 많이 칠했을까요?

★★★★★★
139   시장 투표

최근 시장 선거에서 총 46,298명이 5명의 후보들에게 투표했습니다. 당선자는 경쟁자들보다 각각 2648표, 5216표, 7141표, 10692표를 더 받았습니다. 각각 후보들은 몇 표씩 받았을까요?

Tip   총 투표수와 경쟁자보다 많이 받은 표를 모두 더한 다음 5로 나누면 당선자의 표를 알 수 있지요.

연산 논리

★★★★★★
140 국화를 정리하려면

정원사가 국화를 꺾어 500다발이 안 되게 만들어서 온실 안을 깔끔하게 정리하려고 합니다. 먼저 그는 2줄로 국화를 정리하였더니 1다발의 국화가 남았습니다. 그래서 3줄로 정리했더니 이번에도 또 1다발이 남았습니다. 이런 식으로 4줄, 5줄, 6줄로 정리해도 계속 1다발씩 국화가 남았습니다. 결국 국화를 7줄로 정리했더니 1다발도 남지 않았습니다.
과연 국화는 모두 몇 다발이었을까요?

Tip 7의 배수 중에서 생각해보세요.

★★★★★☆
141 결혼식에 초대된 인원은?

유명한 연예인의 결혼식에 초대된 손님은 2200명과 2600명 사이입니다. 결혼식을 준비하는 사람들은 각 테이블에 홀수로 같은 수의 손님들이 앉을 수 있도록 테이블을 준비하려고 합니다. 그런데 한 테이블에 3명씩 앉도록 배치했더니 2자리가 모자라고, 5명씩 앉도록 배치했더니 4자리가 모자라고, 7명씩 앉도록 배치했더니 6자리, 9명씩 앉도록 배치했더니 8자리가 모자랐습니다. 결국에 11명씩 앉도록 테이블을 세팅했더니 딱 맞아떨어지게 되었습니다.
결혼식에 초대된 인원은 총 몇 명일까요?

Tip 모자른다는 말을 남는다는 말로 바꾸어 생각해보세요.

수 논리

★★★★☆
142 조건에 맞는 여성을 찾아라

100명의 여성들을 조사하였더니 다음과 같은 결과가 나왔습니다.

85명의 여성은 흰색 핸드백을 매고 있었고
75명의 여성은 검은색 구두를 신고,
60명의 여성은 양산을 쓰고,
90명의 여성은 반지를 끼고 있었다.

최소 몇 명의 여성이 흰색 핸드백을 매고, 검은색 구두를 신고, 양산을 쓰고, 반지를 끼고 있을까요?

★★★★☆
143 게임 득점은?

우리 반에서 게임을 하게 되었는데 첫 번째 게임에서 우리 팀은 400점과 500점 사이의 점수를 득점하였습니다. 처음 득점한 우리 팀 중 4명의 팀원들은 각각 총 득점의 $\frac{1}{3}, \frac{1}{4}, \frac{1}{5}, \frac{1}{7}$을 득점했습니다. 우연하게도 첫 번째 게임에서 처음 득점한 4명의 팀원들의 득점의 합은 두 번째 게임에서의 팀 득점과 같습니다.
첫 번째 게임과 두 번째 게임의 득점은 각각 몇 점일까요?

★★★★★★
144 　　백화점 할인의 비밀

백화점에서 판매하는 옷의 가격에 '20% + 20%'로 표시한 것을 종종 볼 수 있습니다. 어느 백화점에서 정가 80,000원의 옷을 첫 주에 20% 할인하여서 판매를 하였습니다. 그런데 두 번째 주에 갔더니 다시 20% + 20% 할인을 하여서 판매를 하였습니다.
백화점에서 판매한 이 옷의 최종 가격은 얼마일까요? 실제는 몇 % 할인한 것인지, 얼마에 판매를 한 것인지를 구하세요.

★★★★★☆
145 　　당선 투표수

최근 어느 마을에서 913명이 시장 투표를 하였습니다. 후보자는 총 4명이었습니다. 당선자는 다른 후보자 3명보다 각각 53표, 69표, 105표를 더 많이 받았습니다. 당선자가 받은 투표수는 몇 표일까요?

수 논리

★★★★★★
146   저축한 금액

영준이는 어느 은행에 30,000원을 저축하였습니다. 그런데 이 은행에 예금을 하면 매 2년마다 저축된 금액의 20%의 이자가 복리로 생깁니다. 영준이가 처음 저축한 30,000원을 10년 동안 저축해 둔다면 10년 후에 영준이가 받게 되는 금액은 얼마나 될까요? 단, 생겨난 이자는 자동적으로 다시 저축됩니다.

Tip 복리란 이자에 대한 이자가 붙은 것을 말합니다.

★★★★★☆
147   바퀴의 회전

다음 문제에서 ㉮, ㉯, ㉰, ㉱ 톱니바퀴가 돌다가 원래의 위치가 되려면 '㉯' 톱니가 최소 몇 바퀴 회전하여야 되는지 알아보세요. 단, ㉮, ㉯, ㉰, ㉱의 톱니수는 각각 18개, 9개, 5개, 3개입니다.

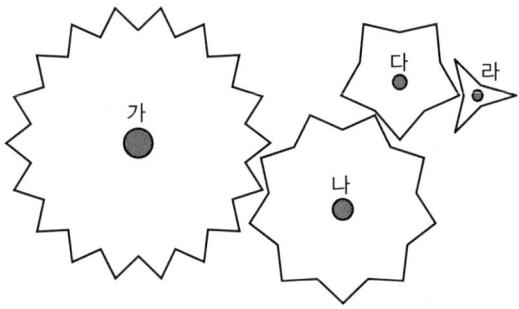

★★★★☆☆
148　　사탕의 수

5봉지 안에는 다섯 종류의 사탕이 총 100개 들어 있습니다.

봉지 ①과 봉지 ② 안에 들어 있는 사탕의 개수를 합하면 34개
봉지 ②과 봉지 ③ 안에 들어 있는 사탕의 개수를 합하면 41개
봉지 ③과 봉지 ④ 안에 들어 있는 사탕의 개수를 합하면 46개
봉지 ④과 봉지 ⑤ 안에 들어 있는 사탕의 개수를 합하면 52개

각 봉지에는 각각 몇 개의 사탕이 들어 있을까요?

★★★★★☆
149　　철훈이와 동규의 나이

선생님에게는 철훈이와 동규이라는 두 아들이 있습니다. 철훈이는 동규보다 나이가 세 배 많습니다.

철훈이의 나이를 두 번 곱한 수는 동규의 나이를 세 번 곱한 수와 같습니다. 철훈이의 나이에서 동규의 나이를 빼면, 이 집 층수와 같습니다. 철훈이의 나이와 동규의 나이를 더하면 한 층의 계단 수와 같습니다. 두 사람의 나이를 곱하면 집의 넓이가 나옵니다. 이 세 가지를 모두 더하면 이 집 번지수인 297이 나옵니다.

철훈과 동규의 나이는 각각 몇 살일까요?

★★★★☆
150 맥주는 몇 L일까요?

와인과 맥주가 각각 30 L, 32 L, 37 L, 42 L, 50 L, 52 L가 들어 있는 술통 6개를 가지고 있는 주류상인이 있습니다.
5통에는 와인이 가득 들어 있고, 나머지 1통에는 맥주가 가득 들어 있습니다. 처음에 온 손님이 와인 2통을 사갔습니다. 두 번째 손님은 첫 번째 손님이 사간 와인의 2배를 사갔습니다.
맥주는 어느 통에 들어 있을까요?

Tip 2통을 합한 양과 3통을 합한 양이 같은 것을 찾아야겠지요.

★★★★☆
151 디오판토스의 묘비

디오판토스의 묘비에는 그의 인생 역정을 수수께끼로 묘사한 글이 다음과 같이 새겨져 있습니다.
신의 축복으로 태어난 그는 인생의 $\frac{1}{6}$을 소년으로 보냈다. 그리고 다시 인생의 $\frac{1}{12}$이 지난 뒤에는 얼굴에 수염이 자라기 시작했다. 다시 $\frac{1}{7}$이 지난 뒤 그는 아름다운 여인을 맞이하여 화촉을 밝혔으며, 결혼한 지 5년만에 귀한 아들을 얻었다. 아! 그러나 그의 가엾은 아들은 아버지의 반밖에 살지 못했다. 아들을 먼저 보내고 깊은 슬픔에 빠진 그는 그 뒤 4년 간 정수론에 몰입하여 스스로를 달래다가 일생을 마쳤다.
디오판토스는 몇 살까지 살았을까요?

칸토어 – 무한의 세계

우리가 바라보는 별의 개수는 얼마나 될까요? 또, 바닷가의 모래알의 개수는 얼마나 될까요? 모래알의 개수는 충분한 시간과 인력이 있다면 셀 수 있을 것입니다. 실제 2200여 년 전 그리스의 수학자 아르키메데스는 전 우주를 모래알로 채우려면 얼마나 많은 모래알이 필요한지를 계산했다고 합니다.
지구로부터 우주의 지평선까지는 150억~200억 광년이고 거기까지에는 약 1000억 개의 항성이 있고 항성의 $\frac{1}{3}$이 태

양계와 마찬가지로 행성을 갖고 있습니다. 그 개수를 평균 10개라고 하면 은하계에는 1조 3천억 개의 행성이 있다고 예측하기 때문에 하늘의 별의 개수는 상상할 수 없을 만큼 많은 '유한'입니다. 그러나 별의 수이든 모래알의 수이든 우리가 다루기 힘든 수임에는 틀림없습니다.

무한을 세기 위해서는 무한이 무엇인가에 대한 이해가 있어야 합니다. 무한의 수학을 창시한 칸토어(G. Cantor, 1845~1918)가 무한에 대한 연구를 발표하기 이전에는 무한은 유한이 아니다라는 정도의 인간이 셈할 수 있는 한계를 초월한다는 의미 정도로만 쓰였습니다. 물론 이 시대까지도 무한을 분석하고 밝히는 것은 수학계의 금기로 여겨지면서 수학은 유한인 경우만 다루고 있었습니다.

칸토어는 무한의 세계를 탐구하고 이것을 '수학의 언어'로 나타내는 작업에 착수하였습니다. 인간의 손이 미치지 않았던 '무한'을 새롭게 조명하고, 유한 수를 셈하듯이 무한 수를 세어 보려고 하였던 것입니다. 그는 무한의 문제를 깊이 성찰한 철학자이었습니다. 집합론의 바탕에는 실제로 무한에 관한 그의 사상이 깔려 있습니다. 무한을 다루는 방법으로 그가 선택한 것은 원소의 개수를 하나하나 비교하는, 즉 일대일 대응을 이용하여 무한을 셈하는 방법입니다.

칸토어는 '무한의 수학'인 집합론을 29세 때인 1894년에 최초로 발표하였으나 그 논문을 발표하기까지 10년간이나 스스로도 확신과 회의를 반복하였다고 합니다. 스승인 바이에르슈트라스(Weierstrass, 1818~1897)와 동료 데데킨트(Dedekind, 1831~1916)는 칸토어의 이론에 긍정적이었으나 무한을 셀 수도 있고, 크기도 비교할 수 있다는 당시

의 상식으로는 너무도 엉뚱한 생각 때문에 세상은 엄청난 비난을 퍼부었고 결국 칸토어는 그 충격으로 정신병원에 입원하게 됩니다. 흔히 천재들의 업적이 그러하듯이 칸토어의 업적이 제대로 인정을 받게 된 것은 몇 해가 지난 후였습니다. 그러나 그로부터 얼마 지나지 않아 그는 독일을 한 시골 정신병원에서 생애를 마쳤습니다.

너무나 거센 반대와 비난 때문에 정신 이상까지 일으켰지만 그의 수학은 이후 20세기에 모든 수학의 기초를 집합론 위에서 새로 다지도록 만드는 엄청난 영향을 끼치게 됩니다. 당시 유럽의 사상계를 지배하던 권위적인 견해와 새로운 것을 일단 거부하는 세계에 맞섰던 칸토어는 그의 논문 속에서 "수학의 본질은 자유에 있다."라고 주장하였습니다.

공간 논리

한붓그리기

★★★★☆

152　　한 번에 그리자

다음의 여러 가지 도형 중에서 어떤 도형은 연필을 떼지 않고 같은 선 위를 두 번 반복해서 지나지 않도록 한 번에 그릴 수 있으며, 또 어떤 도형은 한 번에 그릴 수 없습니다. 어떤 도형이 한 번에 그릴 수 있는지 찾아보세요.

> **Tip**　오일러의 정리

★★★★☆

153 한붓그리기의 비밀

다음 그림을 보고 홀수 점의 개수를 알아보고 한붓그리기가 가능한 것은 어떤 방법인지 찾아 보세요.

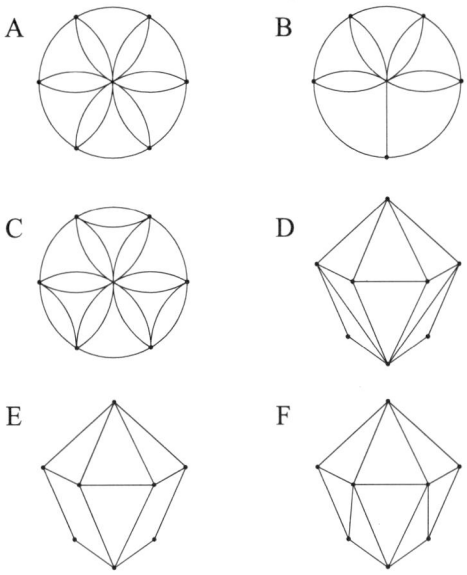

Tip
1. 홀수 개의 길이 있는 곳이 3개, 혹은 그 이상 있다면 불가능합니다
2. 홀수 개의 길이 있는 곳이 정확히 2개 있는 경우에는 그 한쪽으로부터 출발하면 다른 쪽으로 끝나는 것이 가능합니다.
3. 짝수 개의 길만 있다면 어떤 점에서 출발하더라도 같은 점으로 귀환하는 것이 가능합니다.

공간 논리

★★★☆☆☆

154   어떻게 연결할까? 1

다음에 정사각형 모양으로 배열된 9개의 동그라미를 종이에서 연필을 떼지 않고 한 번에 직선으로 연결하는 방법에는 여러 가지가 있습니다. 4개의 직선으로 한 번에 그리는 방법을 연구해 보세요.

○   ○   ○

○   ○   ○

○   ○   ○

한붓그리기

★★★☆☆☆

155 어떻게 연결할까? 2

다음에 정사각형 모양으로 배열된 14개의 동그라미를 종이에서 연필을 떼지 않고 한 번에 직선으로 연결하는 방법에는 여러 가지가 있습니다. 6개의 직선으로 한 번에 그리는 방법을 연구해 보세요.

이동 논리 퍼즐

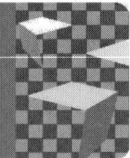

★★★★☆☆

156 하노이의 탑 1

베트남의 수도인 하노이의 불교 사원에는 다음과 같은 이야기가 전해 내려오고 있습니다. 사원에는 천지 창조 시에 만들어진, 가운데에 작은 구멍이 뚫린 64개의 금으로 된 원판이 보관되어 있었다고 합니다. 이들 원판은 어느 것도 크기가 같지 않으며, 다음 그림과 같이 작은 원판이 큰 원판 위에 오도록 포개어져, 높이가 50 cm정도 되는 다이아몬드로 막대 3개 가운데 한 개에 끼워져 있었다고 합니다. 그런데 타락한 승려를 보다 못한 신이 꾸중하고 다음과 같이 명령했다고 합니다.

"한 번에 하나씩 원판을 옮기되 절대 작은 원판 위에 큰 원판을 두어서는 안 된다. 이렇게 64개의 원판이 모두 다른 막대로 옮겨지면 세상은 종말이 올 것이며, 충실한 자는 상을 받을 것이고 불충실한 자는 벌을 받을 것이다."

과연 64개의 원판을 옮길 수 있을까요? 다음의 규칙을 잘 생각하며 4개의 원판을 옮기는데 최소한 몇 번을 움직여야 할까요?

① 원판은 한 번에 한 개씩만 옮길 수 있는데 남은 두 개의 기둥 중 어느 곳으로도 움직일 수 있다.
② 절대 작은 원판 위에 큰 원판을 옮겨 놓을 수 없다.

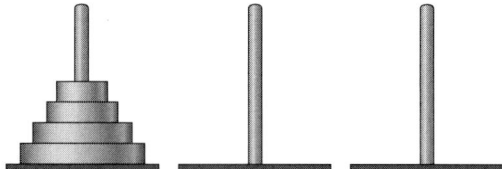

★★★★☆☆

157 바둑돌 이동하기 1

바둑돌의 흰 돌 4개와 검은 돌 4개를 각각 1개씩 번갈아 놓으면 그림과 같습니다. 서로 이웃한 어느 2개의 바둑돌을 동시에 오른쪽이나 왼쪽의 빈 곳으로 이동한다고 하면 이러한 이동을 몇 번 해야 좌우로 흰 돌과 검은 돌끼리 모을 수 있을까요?

★★★★★☆

158 자리 바꾸기

바둑돌이 그림과 같이 배치되어 있습니다. 흑백의 바둑돌 그룹의 자리를 바꾸는 것이 가능할까요? 단, 비어 있는 곳으로 한 칸 나아가는 것과 색이 다른 바둑돌을 한 개 건너뛰는 것만 가능합니다.

공간 논리

★★★★★★
159   15퍼즐

수학 퍼즐로 가장 유명한 것 중 하나로 〈15퍼즐〉이 있습니다. 이것은 미국 퍼즐 작가 로이드가 1878년에 고안한 것인데 판 속에는 1부터 15까지 번호가 쓰인 작은 말이 순서대로 들어 있지만 마지막이 13, 15, 14로 되어 있습니다. 이 말을 여러 형태로 이동시켜 13, 14, 15로 바른 순서가 되게 할 수 있을까요?

★★★★★☆
160   하노이의 탑 2

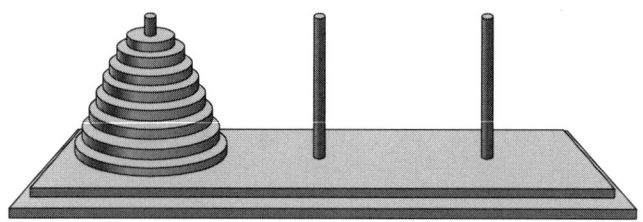

그림에서 보듯이 8개의 원판을 옮기는데 최소한 몇 번을 이동해야 할까요?

> **Tip** 1개의 원판만 있다고 가정했을 때 옮기는 것은 1번, 2개의 원판을 옮길 때는 3번, 3개의 원판을 옮길 때는 7번

이동 논리 퍼즐

★★★★☆
161 바둑돌 이동하기 2

바둑돌 흰 돌과 검은 돌을 5개씩 준비하여 번갈아 놓은 다음 이웃한 어느 2개의 돌을 동시에 오른쪽이나 왼쪽의 빈 곳으로 이동합니다. 이 동작을 몇 번하면 좌우에 흰 돌과 검은 돌을 모을 수 있을까요?

★★★★☆
162 강 건너기

이 퍼즐은 지금부터 약 1200년 전, 지금의 독일 부근의 왕인 카를 대제에게 공부를 가르친 알퀸 선생이 만든 〈이리와 염소의 문제〉라는 것입니다.

이리 한 마리와 염소 한 마리 그리고 양배추 1개를 가진 남자가 있습니다. 강을 건너기 위하여 작은 배를 빌렸지만 이 배는 인간을 1명 태울 수 있고 이리, 염소, 양배추 중 어느 한 개만 태울 수 있습니다. 이리와 염소를 함께 남기면 이리는 염소를 먹어버리고, 염소와 양배추를 남기면 염소는 양배추를 먹어버립니다. 염소가 이리에게 먹히지 않고, 또한 양배추가 염소에게 먹히지 않게 맞은편으로 전부 강을 건너기 위해서는 어떻게 하면 좋을까요?

공간 원리

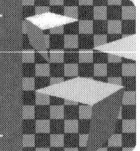

★★★★★☆

163 원넓이 공식을 유도하라

아래 그림처럼 말려 있는 밧줄의 중심까지 잘라서 펼치면 어떤 도형으로 바뀔지 그려 보세요. 그리고 잘라서 생긴 도형을 이용하여 원의 넓이를 구하는 방법을 설명해 보세요.

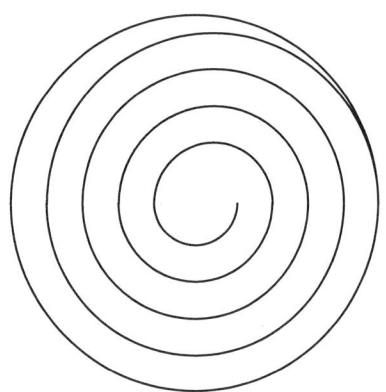

★★★★☆
164 평면도형의 넓이

다음 직사각형과 평행사변형에서 밑변의 길이와 높이는 같습니다. 두 사각형의 넓이는 같은가요?

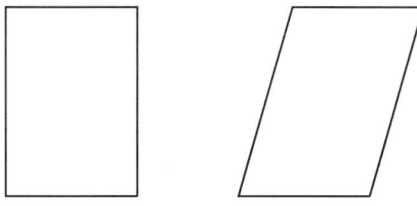

다음 삼각형에서 밑변의 길이와 높이는 같습니다. 삼각형의 넓이는 모두 같은가요?

Tip 밑변과 높이를 잘 살펴보세요.

공간 논리

★★★★★★
165 비뚤어진 사각기둥과 사각뿔

정육면체를 3등분으로 자를 수 있을까요? 정육면체의 부피와 사각뿔의 부피 비를 구해 보세요.

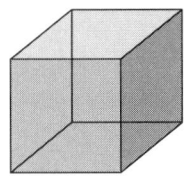 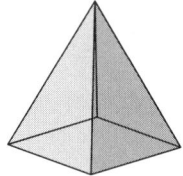

각기둥 ①과 ②, 각뿔 ③과 ④는 밑면과 높이가 같은 입체도형입니다. ①과 ②의 부피는 같을까요? ③과 ④의 부피는 같을까요?

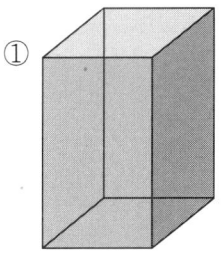 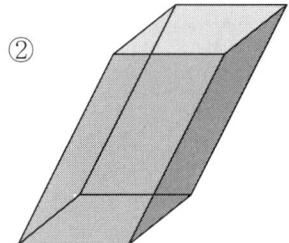

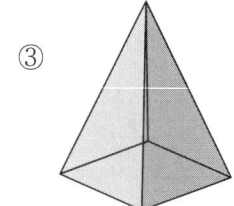 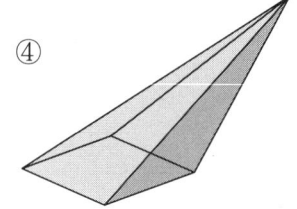

Tip 밑면과 높이의 변화를 잘 살펴보세요.

 공간 원리

★★★★★☆
166   4차원의 세계

4차원을 한 번 생각해 봅시다. 하나의 점을 1차원이라고 했을 때 2차원은 직선 그리고 평면으로 생각할 수 있습니다. 그리고 공간을 차지하는 입체를 3차원이라고 합니다. 땅에 있는 개미의 예를 들어 보겠습니다. 어느 날 개미가 나비 한 마리를 보게 되면 개미에게 있어 나비는 3차원 존재가 될 것입니다. 즉, '공간을 갖습니다'라는 말입니다. 수학에서는 직육면체로 생각해 볼 수 있습니다. 여기에서 추론을 해 본다면 하나의 점에서 선으로 연결되어 다시 평면으로 이루어지고 다시 선이 나와서 입체가 된다면 4차원도 설명할 수 있으리라 생각됩니다. 여러분의 4차원을 그려 보세요.

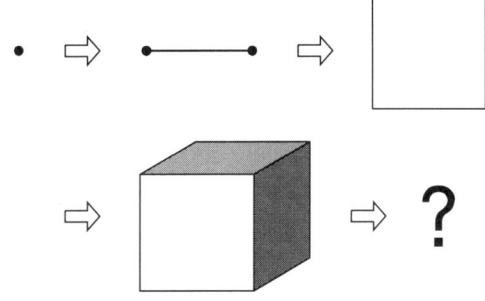

Tip   각 점에서 하나의 선이 나와서 도형을 만들고 있지요.

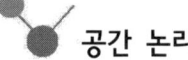
공간 논리

★★★★★★
167 전 세계 사람이 한 자리에?

지구 온난화로 인해 빙하가 계속해서 녹고 있습니다. 해수면이 상승되면 언젠가는 육지가 없어질지도 모릅니다. 60억 인구를 한 곳에 모은다면 얼마만한 땅이 필요할까요?

> **Tip** $1m^2$에 몇 명이 들어갈 수 있을까요?

★★★★★★
168 천국과 지옥에 자리가 있을까요?

흔히 천국과 지옥에는 이미 선하고 악한 사람들로 가득하여서 우리들이 갈 자리가 없다고들 말을 합니다. 과연 어떨지 수학적으로 여러분의 의견을 적어보세요.

> **Tip** 지구의 인구를 평균 30억 명으로 잡고 5만 년 동안만 생각해보세요. 인간의 수명이 50년을 넘기지는 못한다고 가정하세요. 지구의 겉넓이는 1억5천만km^2이고 한 사람이 눕는다면 $1m^2$의 땅이 필요합니다.

위치퍼즐

★★★★☆☆

169 순서대로 맞추자

예은이는 4명의 친구들(연준, 준현, 혜숙, 기훈)과 가까운 산으로 등산을 하기로 했습니다. 산을 오르다보니 좁은 길이 나와 한 줄로 올라가게 되었습니다. 예은이와 친구들은 다음과 같은 순서로 오르고 있습니다. 산을 올라가는 순서대로 위에서부터 이름을 맞추어 보세요.

① 혜숙이는 예은이보다 아래에 있습니다.
② 준현이는 연준이보다 위에 있습니다.
③ 기훈이는 제일 위에 있습니다.
④ 예은이는 연준이보다 아래에 있습니다.

Tip 쉽게 푸는 방법은 직접 그려 보아야 알 수 있어요.

공간 논리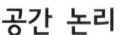

★★★★☆☆
170   과일 배열하기

철이네 집에 6명의 손님들이 찾아와서 어머니께서 식사 후에 후식으로 과일을 준비하였습니다. 어머니는 손님들이 모두 다른 순서로 과일을 드시게끔 철이에게 사과, 배, 과일을 놓으라고 심부름을 시켰습니다. 다음 그림을 잘 보고 6번째 손님은 과일을 어떤 순서로 드실지 순서대로 그려보세요.

Tip 각각의 과일을 다른 문자로 바꾸어서 순서대로 써 보세요.

★★★☆☆☆
171   지금 몇 시지?

태준이는 누워 있다가 거울에 비친 전자시계를 보았습니다. 그런데 거울에 비친 숫자가 반대로 보일 것인데도 시계가 맞는 것처럼 숫자가 바로 보였습니다. 다음과 같이 거울에 비친 전자시계를 보고 현재 몇 시인지 알 수 있을까요? 한 번 맞추어 보세요.

Tip 거울을 보았을 때 좌우가 바뀌는 것을 생각해 보세요.

위치 퍼즐

★★★★★★
172 　　다리를 놓자

강 건너에 있는 집끼리 서로 왕래하기 위해 다리를 놓으려고 합니다. 다음 그림처럼 서로의 집이 위치해 있다면 어느 위치에 다리를 놓는 것이 가장 가까운지 표시하고 그 이유를 쓰세요.

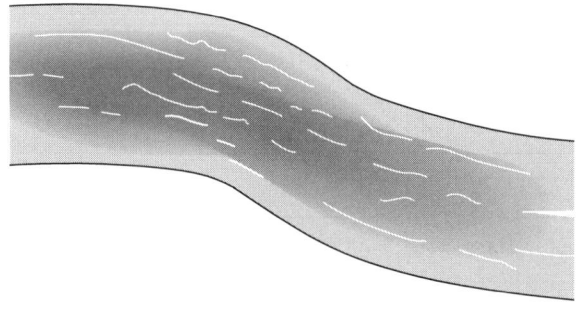

Tip　최단거리는 두 점 사이의 직선 거리입니다.

공간 논리

★★★★☆
173 소수를 찾아라

여러분들은 1과 그 수 자체만으로 나누어지는 1보다 큰 수를 소수라고 부른다는 것을 알고 있을 것입니다. 지구 둘레의 길이를 처음 계산한 것으로 유명한 에라토스테네스는 자신이 만든 에라토스테네스의 체로 소수를 쉽게 구할 수 있었습니다. 여러분의 수학 선배인 에라토스테네스의 방법으로 1부터 100까지 수중에는 어떤 소수가 있는지 찾아 보세요.

~~1~~	2	3	~~4~~	5	~~6~~	7	8	9	10
11	12	13	14	15	16	17	18	19	20
21	22	23	24	25	26	27	28	29	30
31	32	33	34	35	36	37	38	39	40
41	42	43	44	45	46	47	48	49	50
51	52	53	54	55	56	57	58	59	60
61	62	63	64	65	66	67	68	69	70
71	72	73	74	75	76	77	78	79	80
81	82	83	84	85	86	87	88	89	90
91	92	93	94	95	96	97	98	99	100

Tip 에라토스테네스의 체

★★★★☆
174　　어느 바구니를 고를까?

성철이는 어느 전자 상가에서 하는 게임기가 걸려 있는 경품행사에 참여하게 되었습니다. 그런데 경품행사에서 1부터 1004까지 쓴 쪽지를 원 모양으로 놓인 9개의 바구니에 A부터 시계방향으로 차례대로 넣고 제일 마지막 1004가 적힌 쪽지가 들어가는 바구니를 들고 있는 사람에게 게임기를 준다고 합니다. 행사 진행자가 바로 바구니를 택하라고 하는데 과연 성철이는 어떤 바구니를 선택해야 경품에 당첨될 수 있을까요? 단, 1분 안에 찾아보세요.

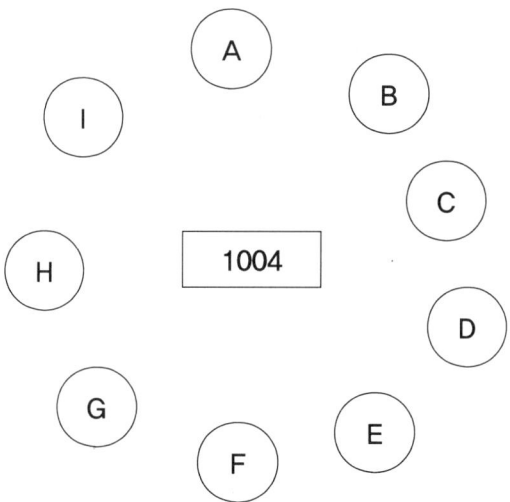

Tip　하나하나 넣어 보기에는 너무 많습니다.

공간 논리

★★★★☆☆

175 위치를 찾아라 1

모든 자연수가 다음 표와 같이 정렬된다고 했을 때, 37은 어느 열에 있을까요? 55는 어느 열에 있을까요? 1302는 어느 열에 있을까요?

㉮	㉯	㉰	㉱	㉲
5	4	3	2	1
6	7	8	9	10
	14	13	12	11

Tip 1~5의 위치와 6~10의 위치를 잘 파악하면 되겠지요.

★★★★★★

176 위치를 찾아라 2

모든 자연수가 다음과 같이 정렬된다고 했을 때, 532는 몇 행 몇 열에 나타날까요?

```
1  2  6  7  15 16 …
3  5  8  14 17 …
4  9  13 …
10 12 …
11 …
⋮
```

Tip 숫자표를 45도 방향으로 돌려서 생각하면 쉽겠지요.

 ### 4차원의 세계

뫼비우스 띠가 우리들에게 가져다주는 사상적 의의는 무척 큽니다. 우리는 모든 것에 안과 밖의 구별이 있고, 안과 밖은 서로 통할 수 없다고 생각합니다. 따라서 우주의 내부에서는 우주의 외부로 가지 못하고, 시간대의 내부에서 그 외부로도 못가며, 공간대에서도 마찬가지라고 생각합니다. 그러나 뫼비우스는 이런 고정관념을 깨고 안과 밖이 없는 띠를 만들고 서로 연속적으로 통한다는 것을 실증하였습니다.

실로 인간의 지혜는 끝이 없으며, 신의 영역까지 도전하고 있습니다.

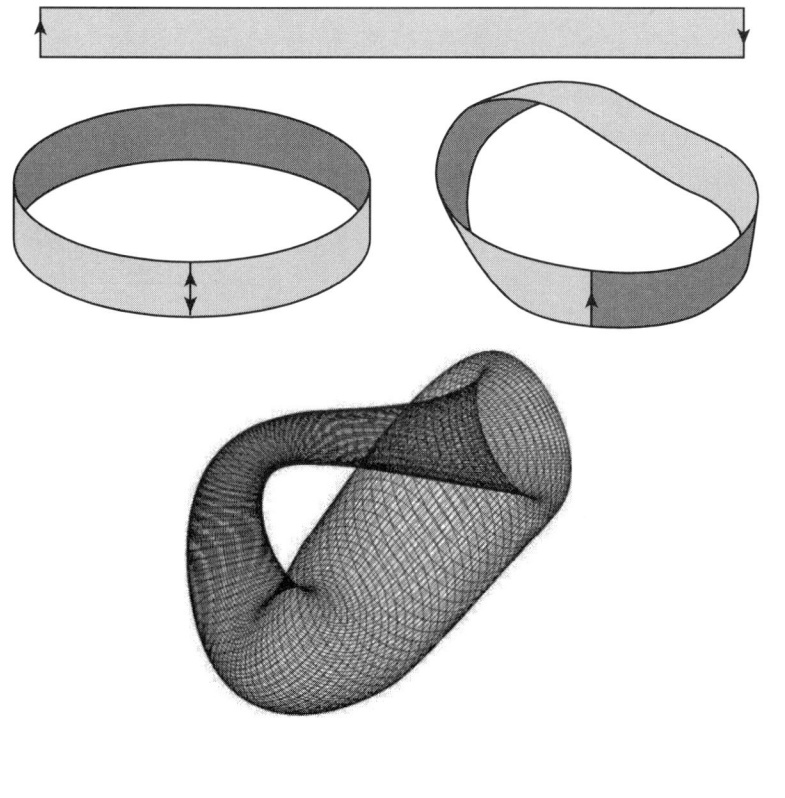

다른 예를 들어본다면 풍선이 있습니다. 풍선 내부에 동전이 들어있다고 하면 풍선을 터트리지 않고 동전을 빼내는 일은 3차원에서는 불가능합니다. 그러나 4차원에서는 얼마든지 가능합니다. 풍선을 터트리지 않고 연필이 얼마든지 통과할 수 있다는 것입니다. 클라인병의 경우도 마찬가지로 동전을 꺼내 올 수 있습니다. 문을 열지 않고 벽을 통과하는 방법은 4차원에서 무수히 많이 존재할 수 있다는 것을 알 수 있습니다. 서울과 뉴욕은 공간상에서 공간적 거리가 존재합니다. 하지만 4차원 공간에서는 공간을 구부려서 두 도시를 일치시킬 수 있습니다. 얼마든지 여기가 서울일 수도 있고 뉴욕일 수도 있다는 것입니다. 같은 시공(같은 사건의 지평선)이라는 말입니다. 즉 3차원의 모든 지역은 4차원에서 하나이며 저차원에서 불가능한 일이 고차원에서는 얼마든지 가능함을 알 수 있습니다.

비 논리

경우의 수

★★★★☆
177 비밀번호

금고를 고치는 가게에 오늘 30개의 금고를 고쳐달라는 부탁을 받고 각각 금고의 비밀번호도 받았습니다. 그런데 각각의 금고에 비밀번호를 쓰지 않고 종이로 한꺼번에 비밀번호를 받아서 어떤 비밀번호가 어느 금고에 맞는지를 알 수가 없습니다. 할 수 없이 하나하나 입력해 보았는데 어떤 비밀번호가 어떤 금고에 맞는지 모두 알아내기 위하여 비밀번호 입력을 최대 몇 번 해야 알 수 있을까요?

Tip 첫 번째 비밀번호의 금고를 찾기 위해서는 29번을 눌러야 알 수 있고, 다음은 28번을 눌러야 되겠지요.

★★★★☆
178 속이 보이지 않는 상자

속이 보이지 않는 상자에 총 50개의 구슬이 들어 있습니다. 그중에서 17개는 파란색 구슬, 25개는 빨간색 구슬, 8개는 노란색 구슬입니다. 상자 안에서 노란색 구슬을 2개 꺼내기 위해서는 최대 몇 개의 구슬을 꺼내야 할까요?

Tip 노란색 구슬을 꺼내지 못하는 경우를 생각해 보세요.

경우의 수

★★★★★☆
179 토너먼트

초등학교 축구 대회는 모두 토너먼트 전으로 경기를 진행하게 됩니다. 이번 축구 대회에는 모두 46개의 초등학교 팀이 참가하게 되었습니다. 이 대회에서 우승 학교를 정하기까지 몇 번의 시합을 해야 할까요?

★★★★★★
180 경기의 수는?

8명의 선수들이 모여 배드민턴 기량을 뽐내려고 합니다. 그런데 모든 사람들과 한 번씩 경기를 해서 서로의 실력을 비교하고 싶어 합니다.
8명의 선수가 2명씩 4조로 나누어 배드민턴 경기를 일제히 했을 때, 7번 조를 바꾸면 모든 사람이 다른 모든 사람과 시합을 하게 할 수 있을까요?

★★★★★★
181 누구와 경기하였을까요?

동규, 병철, 성호, 승우, 동현 5명의 선수들이 서로 한번씩 리그전으로 테니스 경기를 하려고 합니다. 지금까지 동규, 병철, 성호, 승우가 시합한 경기 수는 각각 4번, 3번, 2번, 1번입니다. 이때 동현이는 몇 번의 경기를 하였으며 누구와 시합하였을까요?

비 논리

★★★★★★
182　로봇이 가는 길

굵은 검은색 선만 인식하는 로봇이 '가'지점에서 '나'지점으로 가려고 합니다. 단, 모든 굵은 검은색 선을 지나가야 됩니다. 로봇이 한 번 지나갔던 교차로에 다시 한 번 간다고 하더라도, 같은 길은 두 번 가지 않고, 5곳의 굵은 검은색 선을 모두 지나가야 합니다. 단, 직선으로 바로 가는 길은 제외합니다. 몇 가지 방법이 있을까요?

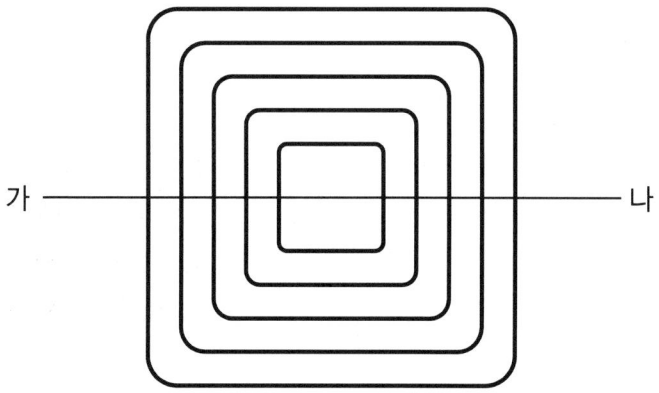

Tip 첫 번째 교차점에서 선택할 수 있는 경우는 좌, 우, 직진밖에 없다. 통과점에서는 되돌아 갈 수 없으므로 2가지 경우가 있어 총 6가지의 경우가 생기게 된다. 이때 갈 수 있는 길이 늘어나는 경우도 생각해보세요.

경우의 수

★★★★☆
183 돼지의 수

사육장에 돼지가 있는데 3마리씩 세면 2마리, 4마리씩 세면 3마리, 5마리씩 세면 4마리, 6마리씩 세면 5마리가 남습니다. 이 사육장에는 돼지가 적어도 몇 마리가 있을까요?

> **Tip** 부족하다는 말과 남는다는 말은 상대적인 말입니다.

★★★★☆
184 패스 연습

4명이 농구 패스 훈련을 하고 있습니다. 공을 받은 사람은 다음 사람에게 던져주어야 합니다. 철수부터 시작하여 공을 던진 것을 첫 번째 패스로 생각했을 때, 다섯 번을 던진 후 공이 다시 처음 패스한 철수의 손에 돌아오게 던지는 방법은 몇 가지 있을까요?

비 논리

★★★★★★
185　길찾기 1

A에서 B까지 갈 수 있는 길의 수는 얼마인가요?

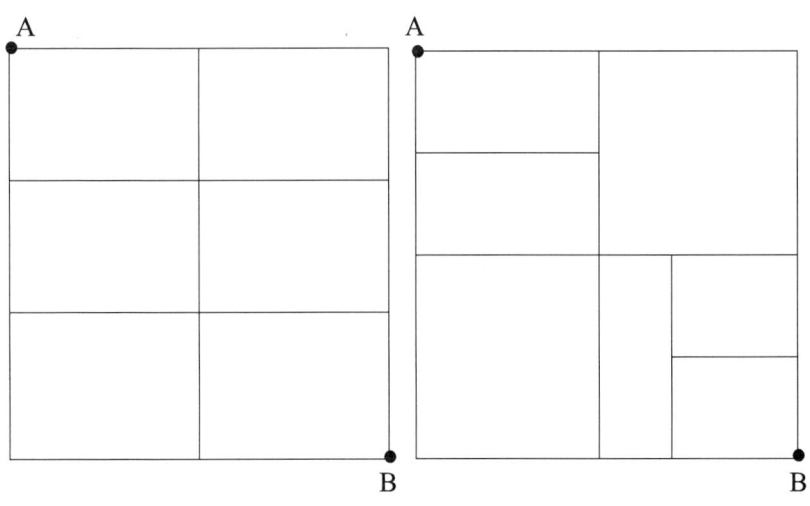

★★★★★★
186　길찾기 2

20×20에서 ㉮에서 ㉯까지 갈 수 있는 길의 수는 얼마인가요?

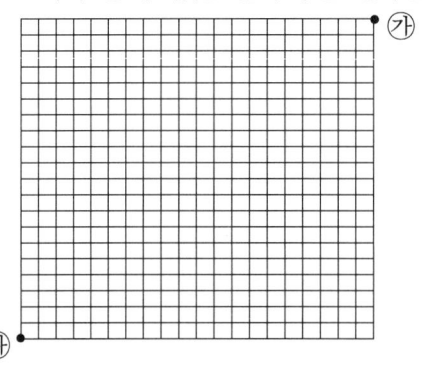

확률 퍼즐

★★★★★★
187 주사위의 합

2개의 주사위를 던지면 주사위에서 나온 수의 합이 항상 2에서 12 사이입니다. 그렇다면 주사위를 계속 던질 때 그 합이 7과 8 중에서 어느 것이 더 많이 나올까요?

★★★★★★
188 검은색 바둑돌

바둑돌이 든 주머니가 2개 있습니다. 한 주머니에 검은색과 흰색의 바둑돌이 각각 5개씩 10개 들어 있습니다. 첫 번째 주머니와 두 번째 주머니에서 바둑돌을 각각 하나씩 꺼냈습니다. 꺼낸 바둑돌 중 최소 1개 이상 검은색일 경우는 얼마일까요?

Tip 검은색 바둑돌이 나오지 않을 경우를 생각해보면 알 수 있습니다.

비 논리

★★★★★☆
189 공의 색깔은?

가방 안에 4개의 공이 있습니다. 그 중 하나는 흰색, 다른 하나는 검은색, 나머지 2개는 빨간색입니다. 영재는 가방을 흔든 다음에 안에서 2개의 공을 꺼냈습니다. 그는 꺼낸 2개의 공을 보고 하나는 빨간색이라고 말했습니다. 그가 꺼낸 다른 공 하나도 빨간색일 가능성은 얼마일까요?

Tip 빨간색 공을 꺼내지 못한 경우는 빼야겠지요.

★★★★★☆
190 동전던지기

동전을 던져 동전의 앞면 또는 뒷면이 위로 올라올 가능성은 5 : 5입니다. 5개의 동전을 동시에 던져 그 결과로 내기를 했습니다. 최소 4개 동전이 모두 앞면 또는 뒷면이 될 가능성은 얼마일까요?

191   수학자의 추론

★★★★★★

프랑스 수학자 달랑베르(d'Alembert, 1717~1783)는 동전 2개를 던졌을 때, 앞면이 최소 한 번 나올 가능성에 대해서 연구하다가 "모든 경우는 오직 3가지 경우밖에 없어!"라고 주장했습니다.

첫 번째 경우: 처음 던졌을 때 뒷면, 2번째에도 뒷면
두 번째 경우: 처음 던졌을 때 뒷면, 2번째에는 앞면
세 번째 경우: 처음 던졌을 때 앞면
               (그러므로 3번째 경우에는 2번째는 던지지 않아도 됩니다)

이와 같이 오직 3가지 경우밖에 없으므로 이것은 아주 간단합니다. 위의 경우 중 2가지만 가능하므로 가능성은 3가지 중의 2가지입니다. 그의 추론은 확실히 옳은 것 같습니다.

그런데 과연 그의 추론은 사실일까요?

★★★★★★

192   양말 찾기

경구는 갑자기 정전이 되어서 앞이 보이지 않을 정도로 깜깜할 때 서랍에서 흰색 양말 한 켤레를 찾고 있습니다. 서랍에는 4짝의 양말이 있는데 흰색 양말과 검은색 양말밖에 없습니다. 그가 양말 한 켤레를 꺼냈을 때 그것이 흰색 양말 한 켤레일 가능성은 $\frac{1}{2}$입니다.

그렇다면 꺼낸 양말이 검은색 양말일 가능성은 얼마일까요?

비 논리

★★★★☆

193 최선의 선택

문이 5개 있고, 그중 하나에 상품이 들어 있습니다. 여러분이 먼저 1개의 문을 정하면, 사회자가 상품이 없으면서 여러분이 택하지 않은 문 중에서 하나를 열어 보여줍니다. 이때 당신은 선택을 바꿀 수 있습니다. 그 다음에 (선택을 바꾸었든지 아니든지 상관없이) 사회자는 또 다른 문 하나를 열어 보여줍니다. 이때 또다시 선택을 바꿀 기회가 주어집니다. 상품을 얻기 위해서는 다음 중에 어떤 방법이 가장 최선일까요?

① 첫 번째 선택을 바꾸지 않는다.
② 첫 번째 기회에서 바꾼 후에 두 번째는 바꾸지 않는다.
③ 첫 번째 기회에서는 바꾸지 않고 두 번째에 바꾼다.
④ 첫 번째와 두 번째 모두 선택을 바꾼다.

비율 퍼즐

★★★★★☆

194   인체의 황금비

인체에 있는 황금비율을 찾아 보세요.

Tip 배꼽의 위치와 사람의 몸 전체, 어깨의 위치와 배꼽 위의 상반신, 무릎의 위치와 배꼽 아래 하반신, 코의 위치와 어깨 위의 부분, 손가락 뼈 사이, 얼굴 너비와 폭의 비를 재어 보세요.

비 논리

★★★★★★
195 아르키메데스의 묘비

다음 그림에서 보이는 것과 같이 원기둥에 내접한 원뿔과 구, 원기둥의 부피의 비를 구할 수 있는 방법을 알아보세요.

Tip 물을 부어 보면 알 수 있어요. 그러나 수학적으로 생각해보세요. 단면을 잘라서 생각한다면 방법이 있을 거예요.

패러독스

★★★★☆

196 제논의 역설

제논은 그리스의 소피스트이며 머리가 좋고 학식도 높았으나 성질이 괴팍하여 그 당시의 대수학자들의 학설을 비꼬기만 하였습니다. 그가 내세운 역설은 많은 사상가들에게 고민을 주었고, 사람의 미움을 받았으며 마침내 왕에게까지 미움을 받아 야속하게 처되고 말았습니다.

1m/sec 5m/sec

 ←

가장 빠른 다리를 가진 토끼는 그보다 앞에 있는 거북이를 따라잡을 수 있을까요?

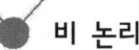

비 논리

★★★★☆☆
197 호텔 지배인의 장사 수단

호텔에 손님이 새로 왔을 때 만일 그 호텔의 방이 모두 투숙객으로 차 있었다면 새로 온 손님을 그냥 보내야 할 것입니다. 그러나 새로운 손님을 보내지 않고 받아들일 수 있는 방법이 있다면 호텔도 좋은 것이고 손님에게도 좋은 일이 될 것이니 지배인은 보너스를 받을 지도 모릅니다. 그래서 호텔 투숙객이 만원인 호텔의 지배인이 계속해서 손님을 받고 있습니다.

이 지배인은 방 문제를 어떻게 해결했을까요? 또 이미 투숙한 사람 수만큼 많은 수의 사람이 한꺼번에 호텔에 오면 지배인은 어떠한 방법으로 방이동 문제를 해결할까요?

★★★★★☆
198 마지막 소원

식인종에게 두 명이 잡혔습니다. 한 명은 수학 선생님이었고 다른 한 명은 그 선생님의 학생이었습니다. 그들이 타고가던 배가 폭풍을 만나 난파되었는데 식인종에게 잡혀 죽게 되었습니다. 그러나 식인종들은 마지막 소원을 들어 주는 관습에 따라서 살려 달라는 소원을 제외하고는 그들의 소원을 한가지씩 들어 주기로 하였습니다. 수학 선생님은 '나의 마지막 소원은 제자인 저 학생에게 마지막으로 수학 수업을 하는 것입니다.'라고 했습니다. 과연 제자는 어떤 소원으로 식인종에게서 벗어날 수 있었을까요?

 패러독스

★★★★☆
199 아리스토텔레스의 바퀴

아리스토텔레스는 이상한 문제를 생각했습니다.

"모든 원의 원주의 길이는 같다."

그림과 같이 A가 중점인 원의 바퀴를 평면상에 수직으로 세워서 1회전 시켰을 때 A, B, C가 D, E, F의 위치에 왔다고 합시다. 이때 선분 BE는 큰 바퀴의 둘레의 길이이고 선분 CF는 작은 바퀴의 길이입니다. 그런데 그림으로 보면 BE=CF이기 때문에, 큰 바퀴의 둘레와 작은 바퀴의 둘레가 같다라는 결론이 나옵니다. 어디가 잘못되어 있는 것일까요?

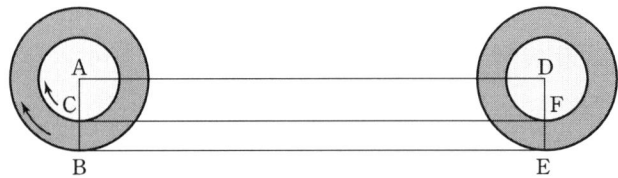

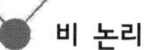

★★★★★★
200 교수형 패러독스

1940년경 한 교수가 학생들에게 다음 주 중 어느 날에 기습적으로 시험을 치를 것이라고 예고한 것이 그 최초였다고 합니다. 교수는 학생들이 시험 날짜를 정확히 예측할 수 없다고 장담했고 한 학생은 아래와 같은 추론을 통해 시험이 처리질 수 없음을 증명했습니다.
그의 추론은 다음과 같았다.

"교수님의 말씀대로라면 절대로 토요일에 시험을 칠 수가 없습니다. 만약 월요일부터 금요일까지 시험을 치지 않는다면 토요일 당일이 시험치는 날임이 예측가능하기 때문에 토요일에는 결코 시험을 치지 않습니다. 그럼 월요일부터 금요일 사이에 시험을 쳐야 하는데, 만일 월요일부터 목요일까지 시험을 치지 않으면 반드시 금요일에 시험을 쳐야 합니다. 금요일도 또 예측이 가능하게 돼 시험을 칠 수 없습니다. 금요일과 토요일은 불가능하므로 월요일부터 목요일까지만 남고 같은 방법으로 해나가면 목요일, 수요일, 화요일 차례로 시험을 칠 수 없습니다. 이렇게 되면 월요일밖에 남지 않는데 이것 역시 예측 가능하므로 월요일부터 토요일 어느 날에도 시험을 칠 수 없습니다."

학생은 편한 마음으로 다음 한 주가 지나기를 기다렸습니다.
과연 학생은 시험을 피할 수 있었을까요? 그러나 시험은 아무 문제없이 수요일에 쳤습니다. 어떻게 가능했을까요?

 **세계가 만일 100명의 마을이라면**

지금 세계에는 63억의 사람이 살고 있습니다. 그런데 만일 100명이 사는 마을로 축소시키면 어떻게 될까요?

100명 52명은 여자이고 48명이 남자입니다.

30명은 아이들이고 70명이 어른들입니다.

어른들 가운데 7명은 노인입니다.

90명은 이성애자이고 10명이 동성애자입니다.

70명은 유색인종이고 30명이 백인입니다.

61명은 아시아 사람이고 13명이 아프리카 사람, 13명은 남북 아메리카 사람, 12명이 유럽 사람 그리고 나머지 1명은 남태평양 지역 사람입니다.

33명이 기독교, 19명이 이슬람교, 13명이 힌두교, 6명이 불교를 믿고 있습니다. 5명은 나무나 바위 같은 모든 자연에 영혼이 깃들여 있다고 믿고 있습니다. 24명은 또 다른 종교들을 믿고 있거나 아니면 아무것도 믿지 않고 있습니다.

17명은 중국어로 말하고 9명은 영어를, 8명은 힌디어와 우르두어를, 6명은 스페인어를, 6명은 러시아어 그리고 4명은 아랍어로 말합니다. 그러나 이들을 모두 합해도 겨우 마을 사람들의 절반밖에 안 됩니다. 나머지 반은 벵골어, 포르투갈어, 인도네시아어, 일본어, 독일어, 플랑스어, 한국어 등 다양한 언어로 말을 합니다.

20명은 영양실조이고 1명은 굶어죽기 직전이지만, 15명은 비만입니다.

마을의 모든 부 중 6명이 59%를 가졌고 그들은 모두 미국 사람입니다. 74명이 39%를 20명이 겨우 2%만 나눠 가졌습니다.

마을의 모든 에너지 중 20명이 80%를 사용하고 있고 80명이 20%를 나누어 쓰고 있습니다.

75명은 먹을 양식을 비축해 놓았고 비와 이슬을 피할 집이 있습니다. 하지만 나머지 25명은 그렇지 못합니다.

17명은 깨끗하고 안전한 물을 마실 수 없습니다.

은행에 예금이 있고 지갑에 돈이 들어 있고 집안 어딘가에 잔돈이 굴러다니는 사람은 마을에서 가장 부유한 8명 안에 드는 한 사람입니다.

자가용을 소요한 자는 100명 중 7명 안에 드는 한 사람입니다.

마을 사람들 중 1명은 대학교육을 받았고 2명은 컴퓨터를 가지고 있습니다. 그러나 14명은 글도 읽지 못합니다.

만일 당신이 어떤 괴롭힘이나 체포와 고문, 죽음을 두려워하지 않고 자신의 신념과 양심에 따라 움직이고 말할 수 있다면 그렇지 못한 48명보다 축복을 받았습니다.

만일 당신이 공습이나 폭격, 지뢰로 인해 다치거나 죽고 무장단체의 강간이나 납치를 두려워하지 않는다면 그렇지 않은 20명보다 축복 받았습니다.

1년 동안 마을에서는 1명이 죽습니다. 그러나 2명의 아기가 새로이 태어나므로 마을 사람은 내년에 101명으로 늘어납니다.

이 글을 읽는 순간 당신의 행복은 두 배 세 배로 커질 것입니다.

풀이

풀이

001 ★★★★☆☆ 계산 규칙을 찾아라!

직관적 통찰	정보의 조직화	공간화/시각화	수학적 추상화	귀납적 사고	연역적 사고	일반화 적용	반성적 사고
◉		○					

각각의 식에서 제일 마지막에 더하는 수와 답과의 관계를 살펴보면 다음과 같은 규칙이 있음을 알게 된다.

$$\frac{1}{1\times2}=\frac{1}{1}-\frac{1}{2},\ \frac{1}{2\times3}=\frac{1}{2}-\frac{1}{3},\ \cdots,\ \frac{1}{\triangle\times(\triangle+1)}=\frac{1}{\triangle}-\frac{1}{\triangle+1}$$

이것을 이용하면

$$\frac{1}{1\times2}+\frac{1}{2\times3}=\left(\frac{1}{1}-\frac{1}{2}\right)+\left(\frac{1}{2}-\frac{1}{3}\right)=1-\frac{1}{3}=\frac{2}{3}$$

$$\frac{1}{1\times2}+\frac{1}{2\times3}+\frac{1}{3\times4}=\left(\frac{1}{1}-\frac{1}{2}\right)+\left(\frac{1}{2}-\frac{1}{3}\right)+\left(\frac{1}{3}-\frac{1}{4}\right)=1-\frac{1}{4}=\frac{3}{4}$$

마찬가지로 하면 $\frac{1}{1\times2}+\frac{1}{2\times3}+\frac{1}{3\times4}+\frac{1}{4\times5}=\frac{4}{5}$

따라서 $\frac{1}{1\times2}+\cdots+\frac{1}{\triangle\times\square}=\frac{\triangle}{\square}$ 라는 규칙이 있다.

그러므로 $\frac{1}{1\times2}+\frac{1}{2\times3}+\frac{1}{3\times4}+\cdots+\frac{1}{9999\times10000}=\frac{9999}{10000}$ 이다.

정답 $\frac{9999}{10000}$

002 ★★★★★ 과연 외계인은 몇 명일까?

직관적 통찰	정보의 조직화	공간화/시각화	수학적 추상화	귀납적 사고	연역적 사고	일반화 적용	반성적 사고
	◉		○		○		

먼저 서로 다른 두 수를 곱해 200과 300 사이가 나오는 수를 생각해보자.
모든 외계인이 손가락이 수가 240개라면
12개의 손가락을 가진 20명의 외계인(12×20)

또는 20개의 손가락을 가진 12명의 외계인(20×12)
또는 24개의 손가락을 가진 10명의 외계인(24×10)
또는 10개의 손가락을 가진 24명의 외계인(10×24)
서로 다른 두 수의 곱은 두 수의 자리를 바꾸어도 성립하므로 방법은 적어도 2개 이상이다.
그러나 이것은 ⑤번에 나오는 조건과 같이 단 한 가지의 방법이 아니므로 서로 다른 두 수끼리 곱해 나오는 수는 모두 제거해야 한다.
그 다음 200과 300 사이에 남아있는 소수를 생각해보자(소수는 2, 3과 같이 1과 자기 자신 이외에는 약수가 없는 수이다). 한 외계인이 233개의 손가락을 가진다고 생각하면 다음 조건에 맞지 않는다.(외계인은 2명 이상이어야 한다) 233명의 외계인들이 하나의 손가락만 가지고 있다고 생각하면 다음 조건에 맞지 않는다(외계인은 2개 이상의 손가락을 가지고 있다).
이것 또한 단 한 가지의 방법이 아니고, 이 범위 속의 모든 소수를 제거해야 한다. 따라서 오직 소수의 제곱만 남는다. 이 뜻은 200과 300 사이에는 17의 제곱인 289만 남는다는 것이다.
그러므로 답은 오직 17개의 손가락을 가진 17명의 외계인만 된다.

 17의 손가락을 가진 17명의 외계인

★★★★★
003

새들의 수?

직관적 통찰	정보의 조직화	공간화/ 시각화	수학적 추상화	귀납적 사고	연역적 사고	일반화 적용	반성적 사고
	●		○		○		

먼저 서로 다른 수를 곱해 400과 800 사이가 나오는 수를 생각해보자. 만약 총 500마리의 새가 있다고 하면
5마리씩 100그루 또는 10마리씩 50그루 또는 100마리씩 5그루 등이다. 그러나 이것은 단 한 가지의 방법이 아니므로 500처럼 여러 가지 방

풀이

법으로 나올 수 있는 경우는 제외해야 한다. 그러면 '소수×소수'만이 알 수 있는 단 한 가지 방법이 된다.
즉 400과 800 사이에 소수의 제곱이 되는 수는 23의 제곱인 529밖에 없다(나무가 두 그루 이상이므로 1그루에 529마리, 또는 529그루에 1마리씩 있다는 것은 조건에 맞지 않다).
따라서 400과 800 사이에 있는 '소수×소수'는 23×23 밖에 없다.
그러므로 23그루의 나무에 각각 23마리의 새가 살고 있다.

정답 23그루의 나무에 23마리의 새

---

004 ★★★★★☆ 도둑 찾기

직관적 통찰	정보의 조직화	공간화/시각화	수학적 추상화	귀납적 사고	연역적 사고	일반화 적용	반성적 사고
	○			○			◉

㉮와 ㉱는 서로 다른 주장을 하고 있으므로 ㉮가 참이면 ㉱는 거짓, ㉮가 거짓이면 ㉱가 참이다.
㉯와 ㉰를 보면 같은 주장을 하고 있기 때문에 둘 다 참이 아니면 거짓인데 이미 거짓이 1명 있기 때문에 둘 다 참이다.
㉰와 ㉲가 다른 주장을 하므로 둘 중의 한명은 거짓이기 때문에 ㉮와 ㉱ 중의 거짓과 함께 2명이 되어 ㉳는 참이다.
따라서 ㉰는 거짓이 되고 ㉲는 참이다. ㉲가 참이기 때문에 ㉮는 거짓이다.

정답 도둑은 ㉮

---

005 ★★★★★☆ 내 모자는 무슨 색일까?

직관적 통찰	정보의 조직화	공간화/시각화	수학적 추상화	귀납적 사고	연역적 사고	일반화 적용	반성적 사고
	○			○			◉

조건에서 중요한 것은 노란색 모자가 2개뿐이라는 점과 순서가 정해져 있

다는 것이다. 세 번째 사람이 앞의 두 사람을 볼 수 있다는 것도 중요하다. 그런데 세 번째 사람이 곧바로 대답하지 않았다는 점에서 둘 다 노란색 모자는 쓰고 있지 않았다는 것을 알 수 있다. 첫 번째 사람은 파란색 모자나 노란색 모자를 쓸 수 있다. 두 번째 사람도 마찬가지이고, 세 번째 사람도 마찬가지이다. 그런데 10분의 시간이 지나는 동안 아무도 대답을 하지 못했다는 말은 노란색 - 노란색 - 파란색 모자의 순서는 아니라는 말과 같다. 그러면 그 경우를 제외하고 경우의 수를 생각해보자.

그런데 힌트가 가장 많은 세 번째 학생의 경우에서 생각해보면, 앞사람이 둘 다 파란색 모자를 쓰고 있다고 하더라도 자신이 노란색 모자나 파란색 모자일 수도 있기 때문에 말을 할 수 없다. 즉, 세 번째 학생의 경우에는 앞사람이 둘 다 노란색 모자를 쓴 경우 이외에는 말을 할 수가 없다. 그렇다면 두 번째 학생의 경우 첫 번째 학생이 파란색 모자를 쓰고 있다면 자신은 파란색 모자를 쓸 수도 있고 노란색 모자를 쓸 수도 있는 상황이다. 이러한 경우에는 대답을 할 수 없다. 그런데 첫 번째 학생이 노란색 모자를 쓰고 있다면 자신은 파란색 모자나 노란색 모자인데 만약 노란색 모자를 쓰고 있다면 세 번째 학생이 지체 없이 대답을 했을 것이다. 시간이 한참 흐른 후에도 두 번째 학생도 대답을 하지 못하고 있는 상황이라면 첫 번째 학생이 자신의 모자를 추리해 낼 수 있는 경우가 된다. 즉, 세 번째 학생을 통해 첫 번째 학생과 두 번째 학생이 둘 다 노란색 모자를 쓰고 있지 않으며 노란색 - 파란색, 파란색 - 노란색, 파란색 - 파란색의 경우를 생각할 수 있게 된다. 두 번째 학생 또한 대답을 하지 못했다는 사실에서 첫 번째 학생은 자신은 노란색 모자를 쓰지 않았다는 것을 알게 된다. 즉, 파란색 모자를 쓴 사실을 추리하게 된다.

정답 맞춘 사람은 첫 번째 사람이며 파란색 모자를 쓰고 있다.

풀이

★★★★★★
006

미친개는 몇 마리일까?

직관적 통찰	정보의 조직화	공간화/ 시각화	수학적 추상화	귀납적 사고	연역적 사고	일반화 적용	반성적 사고
	○			○			●

미친개가 한 마리일 경우를 생각하자. 미친개의 주인은 자신의 눈에 미친개가 보이지 않을 것이다. 하지만 마을에 분명 미친개가 있다고 한다. 그렇다면 그 미친개는 바로 자신의 개이고, 눈물을 머금고 첫째 날 밤에 사살했을 것이다. 그러므로 한 마리는 아니다.

미친개가 두 마리일 경우를 생각하자. A와 B의 개가 미쳤다고 생각했을 경우, 다른 사람들은 모두 A와 B의 개 두 마리가 미쳤다고 생각하겠지만 A의 눈에는 B의 개 한 마리만이 보일 것이고 첫째 날까지는 안심하고 있을 것이다. B도 A의 개만 미쳤다고 생각할 것이다. 둘 다 미친개가 한 마리라고 생각하여 첫 번째 경우와 같이 첫째 날 밤 서로의 개가 죽겠거니 생각할 것이다. 하지만 첫째 날 어떤 개도 죽지 않았기 때문에 둘 다 미친개가 한마리가 아니라는 사실을 깨달을 것이다. 하지만 두 사람의 눈에는 미친개가 한 마리밖에 보이지 않는다. 그렇다면 '더 있을 미친개'는 자신의 개가 된다. 이 경우 두 번째 날에 미친 개 두 마리가 사살될 것이다. 하지만 두 번째 날도 잠잠했다. 그러므로 미친개는 두 마리가 아니다.

세 마리일 경우를 생각하자. A, B, C의 개가 미쳤다고 생각해보자. 세 사람은 모두 자신의 개를 제외한 나머지 두 사람의 개가 미쳤다고 생각할 것이다. 하지만 두 번째 날까지 총성이 울리지 않았다면 미친개가 두 마리일 경우가 아니라는 것을 깨닫게 된다. 그리고 마찬가지로 더 있을 미친개는 자신이 구별하지 못하는 개, 즉 자신의 개밖에 없다.

이 경우 세 번째 날에 세 마리의 개가 사살될 것이다. 즉, 세 번째 날에 총성이 울리고 미친개 모두가 제거되었다면 세 번째 경우가 되므로 미친개는 3마리였던 것이 된다.

정답 3마리

007 ★★★★★★ 몇 개 국어를 할까요?

직관적 통찰	정보의 조직화	공간화/시각화	수학적 추상화	귀납적 사고	연역적 사고	일반화 적용	반성적 사고
	●			○			○

첫째, 조건 ①, ③, ⑤에 의해 A가 아는 말은 일본어를 알며 영어, 국어 중에서 하나를 알고 있다. A가 일본어와 영어를 알고 있다고 하자. 조건 ④에 의해서 A와 C는 말이 통하지 않기 때문에 C가 알고 있는 말은 국어와 프랑스어가 된다.

둘째, 조건 ④에 의해 C와 D도 말이 통하지 않기 때문에, D는 일본어와 영어중 하나를 알게 되는데, 조건 ③의 D는 일본어를 모른다에 의해서 D가 하는 말은 영어가 된다.

셋째, 조건 ③과 ④의 B는 영어를 모르고 B와 C는 말이 통한다와, 조건 ⑤의 일어와 프랑스어를 동시에 할 수 있는 사람이 없다는 조건에 의해 B가 아는 말은 국어와 프랑스어 또는 국어와 일본어 2가지 경우가 나온다. 여기까지 표로 나타내면 다음과 같다.

A	B	C	D
일본어, 영어	국어, 프랑스어 또는 국어, 일본어	국어, 프랑스어	영어

B의 두 가지 경우 어느 것이라도 조건 ② 네 사람 중 세 사람이 공통으로 아는 말은 존재하지 않는다. 결국 이 경우는 틀렸다.

넷째, 그러므로 A가 아는 말은 일본어와 국어가 된다. 그리고 A와 C는 말이 통하지 않기 때문에 C는 영어와 프랑스어를 알게 된다.

다섯째, C와 D는 말이 통하지 않고, D는 일본어를 모르기 때문에 D가 아는 말은 국어가 된다. B는 영어를 모르며 C와 말이 통하지 때문에 B는 반

풀이

드시 프랑스어를 알게 되며 프랑스어와 일본어를 동시에 아는 사람은 없다는 조건에 의해 국어를 알게 된다.

A	B	C	D
일본어, 국어	프랑스어, 국어	프랑스어, 영어	국어

이 경우 세 사람이 공통으로 국어를 사용하기 때문에 주어진 조건과 아무런 충돌이 없다. 그러므로 얻어진 결론이 올바르다.

정답 A는 일본어와 국어를, B는 프랑스어와 국어를, C는 프랑스어와 영어를, D는 국어를 안다.

008 ★★★★☆ 아인슈타인 논리

직관적 통찰	정보의 조직화	공간화/ 시각화	수학적 추상화	귀납적 사고	연역적 사고	일반화 적용	반성적 사고
	●			○			○

조건 ⑦의 '녹색집은 흰색집 왼쪽에 위치한다'라는 문장은 두가지 의미로 해석될 수 있다. 왼쪽은 방향을 나타내는 것이지 순서를 나타내지는 않는다. 따라서 옆집이라고 하면 바로 옆에 붙어 있는 집을 말하지만 왼쪽에 위치한 집이라고 하면 왼쪽으로 두 집 건너 있어도 논리적으로 틀리지 않다. 그럼 다음 2개의 답을 보자.

왼쪽을 그냥 방향으로 생각해서 푼 답

노르웨이	독일	스웨덴	영국	덴마크
녹색	파란색	노란색	빨간색	하얀색
커피	물	우유	맥주	홍차
블렌드	프린스	던힐	블루매스터	폴몰
금붕어	고양이	개	말	새

왼쪽이라는 표현이 왼쪽 옆이라는 뜻으로 생각하고 푼 답

노르웨이	덴마크	영국	독일	스웨덴
노란색	파란색	빨간색	녹색	하얀색
물	홍차	우유	커피	맥주
던힐	블렌드	폴몰	프린스	블루매스터
고양이	말	새	금붕어	개

정답 1. 녹색집(4번째)에 살고 커피를 마시고 프린스 담배를 피우고 금붕어를 기르는 독일인
2. 파란색 집(2번째)에 살고 물을 마시고 프린스 담배를 피우고 고양이를 기르는 독일인

★★★★★☆
009

운동 종목

직관적 통찰	정보의 조직화	공간화/시각화	수학적 추상화	귀납적 사고	연역적 사고	일반화 적용	반성적 사고
	●			○			○

월	화	수	목	금
볼링	야구	배드민턴	축구	당구
동환	동규	철훈	경구	경철

★★★★★★
010

학생들의 규칙

직관적 통찰	정보의 조직화	공간화/시각화	수학적 추상화	귀납적 사고	연역적 사고	일반화 적용	반성적 사고
	●			○			○

생일이 빠른 순서대로 A, B, C, D, E라고 하자. 일단 B는 반대를 할 것이다. A가 없으면 자기가 가장 많이 얻을 수 있기 때문이다. 그리고 E도 항상 반대를 할 것이다. 계속 반대하면 사탕 100개가 자기에게 올 수 있기 때문이다. D는 만약 C까지 사탕을 얻지 못하면 E가 반대할 것이므로 자신은 자동적으로 받지 못하게 되므로 아무리 많아도 1개 밖에 얻지 못한다.

풀이

C는 만약 B가 사탕을 분배하게 되면 B는 1명만 동의를 받으면 되므로 분명히 D에게 줄 것이다. 왜냐하면 D는 만약 C까지 사탕을 얻지 못하면 자신은 자동적으로 받지 못하게 되므로 아무리 많아도 1개밖에 얻지 못하게 된다. 즉, C는 어떻게 해도 못 받게 되므로 차라리 1개라도 받는 것이 좋을 것이다.

정답 A : B : C : D : E = 98 : 0 : 1 : 1 : 0

011 ★★★★★★ 범인을 찾아라!

직관적 통찰	정보의 조직화	공간화/ 시각화	수학적 추상화	귀납적 사고	연역적 사고	일반화 적용	반성적 사고
	●			○			○

Ⓔ가 참이라면 거짓이 3명이기 때문에 Ⓔ는 항상 거짓이다.

Ⓓ가 참이라면 Ⓑ와 Ⓓ가 참이 되고, Ⓐ와 Ⓒ가 서로 모순이 되기 때문에 Ⓐ와 Ⓒ 둘 중에 1명이 참이 된다. 그런데 Ⓔ의 진술이 거짓이 되기 때문에 Ⓒ가 참이 되므로 Ⓐ가 거짓이 된다. 따라서 Ⓑ, Ⓐ, Ⓓ가 참말을 하고 있다.

정답 Ⓑ, Ⓐ, Ⓓ

012 ★★★★★★ 나이 맞히기 1

직관적 통찰	정보의 조직화	공간화/ 시각화	수학적 추상화	귀납적 사고	연역적 사고	일반화 적용	반성적 사고
	●			○			○

세 딸의 나이를 x, y, z라고 두면 문제의 조건에 의해 $x \times y \times z = 40$이므로 순서쌍을 만들어보면

x	1	1	1	1	2	2
y	1	2	4	5	2	4
z	40	20	10	8	10	5
합	42	23	15	14	14	11

조사원은 나이의 합만으로는 정확한 나이를 알지 못했다. 그 뜻은 x + y + z의 합이 같은 것이 2개 이상 존재한다는 것이다. 즉 네 번째 줄에 있는 1+5+8=14이고 다섯 번째 줄에 있는 2+2+10=14이다.

그런데 둘째 딸이 유치원에 간다는 것으로 보아 나이 차이가 있으며 둘째의 의미가 딸들의 딸의 나이가 모두 다르다는 것을 의미한다.

정답 1살 / 5살 / 8살

013 ★★★★★ 아이 수 맞히기

직관적 통찰	정보의 조직화	공간화/ 시각화	수학적 추상화	귀납적 사고	연역적 사고	일반화 적용	반성적 사고
	◉			○			○

우선 모든 경우를 찾아보면 다음과 같다.

2-2-3-8, 2-2-3-7, 2-2-3-6, 2-2-3-5, 2-2-3-4, 2-3-3-4,

2-3-3-5, 2-3-3-6, 2-3-3-7, 2-4-4-5, 3-3-4-5

인구조사원이 곱을 알면서도 아이들의 수를 맞추지 못한 것은 합이 16보다 작으면서 곱의 결과가 같은 경우가 둘 이상이기 때문이다.

이 중에서 2-3-4-4와 2-2-3-8의 경우 곱이 같으며, 2-3-3-4와 2-2-3-6의 곱이 같다. 그런데 조건에서 가장 적은 아이들 수를 가진 집이 두 집이므로 2-2-3-8과 2-2-3-6이 조건에 해당된다. 이 두 가지 경우 중에서 가장 많은 집의 아이 수가 다른 집 아이 수를 모두 합한 것보다는 작다는 조건에 의해 2-2-3-6이 된다.

정답 우리집과 경철이네 아이들 수가 2명이고, 동규네는 3명, 철훈이네는 6명이 된다.

풀이

014 ★★★★★ 이마의 스티커는 무슨 색일까?

직관적 통찰	정보의 조직화	공간화/시각화	수학적 추상화	귀납적 사고	연역적 사고	일반화 적용	반성적 사고
	●			○			○

ⓑ의 스티커의 색은 파란색, 빨간색이다. 그리고 스티커가 붙여진 순서는 ⓐ가 파, 파, ⓑ가 파, 빨 , ⓒ가 빨, 빨 아니면 ⓐ가 빨, 빨, ⓑ가 파, 빨, ⓒ가 파, 파이다.

ⓐ와 ⓒ는 차례가 오더라도 맞출 수가 없고, ⓑ는 두 번째 차례에서 자신이 파, 빨인지 아닌지를 결정할 수 없는데, ⓐ와 ⓒ가 선택을 못하는 것을 보고 자신이 파, 빨이라는 것을 다섯 번째 차례에서 알 수 있다.

015 ★★★★★ 모두 몇 명이 갈까?

직관적 통찰	정보의 조직화	공간화/시각화	수학적 추상화	귀납적 사고	연역적 사고	일반화 적용	반성적 사고
	●			○	○		

우선 문제의 뜻으로부터 우리는 남학생과 여학생의 수가 0보다 큰 수임을 알 수 있다. 그리고 이 두 수가 모두 짝수임을 알 수 있다. 왜냐하면 가령 이 두 수가 모두 홀수라고 하면 두 수의 합은 짝수이지만 두 수의 곱은 꼭 홀수이므로 짝수에 홀수를 더한 합이 24가 될 수 없으며, 가령 이 두 수에서 한 수가 짝수이고 다른 한 수가 홀수라고 하면 짝수와 홀수의 곱은 짝수이지만 짝수와 홀수의 합은 홀수이므로 홀수에 짝수를 더해도 짝수 24가 될 수 없기 때문이다.

그러므로 남학생과 여학생의 수는 모두 짝수라는 것을 알 수 있다. 짝수인 두 수는 반드시 2의 배수이고, 두 수의 곱은 4의 배수이다. 이상의 논리적 추리에 의해 우리는 다음과 같이 24를 한 수의 4의 배수를 더한 합으로 표시하고 추리판단을 할 수 있다.

$$24 = 20 + 4×1 \qquad 24 = 16 + 4×2$$
$$24 = 12 + 4×3 \qquad 24 = 8 + 4×4$$
$$24 = 4 + 4×5 \qquad 24 = 0 + 4×6$$

이 6개의 등식 가운데서 오직 등식 24 = 8 + 4×4만이 두 수의 합에 그 두 수의 곱을 더한 합이 24라는 문제의 요구에 맞는 계산식으로 계속 분해할 수 있다. 즉 (4 + 4) + 4×4 = 24이다.

하지만 다른 5개 등식은 이렇게 할 수 없다. 그러므로 학생들이 8명(4 + 4)이 갔다고 정확히 판단할 수 있다.

정답 8인분

016 ★★★★★☆ 숫자 찾기

직관적 통찰	정보의 조직화	공간화/시각화	수학적 추상화	귀납적 사고	연역적 사고	일반화 적용	반성적 사고
●	○						

각 열, 행, 대각선에 있는 수들의 곱은 모두 같다: 110592

정답 3

017 ★★★★★★ 우리나라 수학자 1

직관적 통찰	정보의 조직화	공간화/시각화	수학적 추상화	귀납적 사고	연역적 사고	일반화 적용	반성적 사고
						●	

먼저 12에 100을 곱한 다음 2로 나눈다. 그런 다음 1부터 33까지 빼면 39가 남는다. 그런 다음 34를 빼면 5가 남는데 여기에서는 더 이상 35를 뺄 수가 없다. 따라서 3.4와 3.5 사이에 제곱근이 위치한다는 것을 알 수 있다.

정답 3.464101……

풀이

018 ★★★★★ 조건에 맞는 수 찾기

직관적 통찰	정보의 조직화	공간화/시각화	수학적 추상화	귀납적 사고	연역적 사고	일반화 적용	반성적 사고
	●			○			○

조건을 살펴보면 철훈과 성호가 서로 거짓말이라고 하고 있다는 것, 또 하나는 동규와 철훈이 같은 말을 하고 있다는 것이다.

논리의 기본은 참과 거짓, 참을 말하면 명제 그대로 이해하면 되고 거짓을 말한다면 명제에 NOT을 붙이면 된다. 그럼 가장 먼저 누가 참이고 누가 거짓인지를 알아내는 것이 순서다.

모든 경우의 수는 16가지이다.

그런데 철훈과 성호가 서로 거짓말이라고 하고 있으니 둘 다 참이거나 둘 다 거짓일 수는 없다. 왜냐하면 철훈과 성호 둘 다 참이라면 철훈의 말은 참이니 성호의 말은 거짓이 되어야 하는데 그렇다면 성호가 참이라는 조건에 모순된다. 마찬가지로 둘 다 거짓이라고 가정한다면 철훈의 말은 거짓이니 성호의 말은 참이 된다. 이는 성호가 거짓이라는 가정에 모순된다. 즉 철훈과 성호는 한쪽이 참, 한쪽이 거짓이어야만 한다는 뜻이니 경우의 수는 8가지로 줄어든다.

또한 동규와 철훈의 진술에서 '두 번째 숫자는 6보다 작다'는 진술이 동일하다. 즉 동규와 철훈은 둘 다 참이거나 둘 다 거짓이어야만 한다. 이로써 경우의 수는 (A/B/C/D) 순서로

 (참/참/참/거짓), (거짓/참/참/거짓), (참/거짓/거짓/참), (거짓/거짓/거짓/참)

4가지로 줄어든다.

이걸 토대로 이번엔 철훈과 성호의 진술을 보자.

경철이 참이라고 가정할 경우 철훈의 말은 거짓이다. 즉 모순이 없으려면 철훈이 거짓일 경우엔 반드시 경철은 참이 되어야 한다.

반대로 경철이 거짓일 경우 철훈의 말은 참, 즉 모순이 없으려면 철훈이 참

일 경우에 경철은 반드시 거짓이어야 한다. 고로 경우의 수는 또 줄어든다. 이제 문제는 간단해졌다. 2가지 경우에 입각해 명제를 따라가기만 하면 된다.

(거짓/참/참/거짓), (참/거짓/거짓/참)

먼저 (거짓/참/참/거짓)의 경우에 맞는 수를 찾아보면 천의 자리에 올 수 있는 수가 2와 4이며, 백의 자리에는 0이 있어야 한다는 조건 때문에 0이 될 수밖에 없고 십의 자리에는 8과 9가 올 수 있으며, 일의 자리에는 6~9 사이의 수 중에서 다른 수와 중복이 되지 않는 수가 올 수 있다. 따라서 이 조건에 맞는 수 중에서 가장 작은 수는 2086이 된다.

두 번째 경우인 (참/거짓/거짓/참)의 경우에 맞는 수를 찾아보면 7821, 7823, … 인데 첫 번째 조건인 모든 자리수의 합이 15 이하인 수라는 조건에 맞지 않는다.

따라서 조건에 맞는 수 중에서 가장 작은 수는 첫 번째 경우에 해당되는 2086이 가장 작은 수가 된다.

정답 2086

★★★★★☆

019

구슬의 색깔은?

직관적 통찰	정보의 조직화	공간화/ 시각화	수학적 추상화	귀납적 사고	연역적 사고	일반화 적용	반성적 사고
	●			○			○

각 학생이 추측한 상황을 표로 나타낸다.

	1	2	3	4	5
민애		자주색	노란색		
윤지		파란색		빨간색	
성암	빨간색				흰색
세실			파란색	흰색	
남수		노란색			자주색

풀이

첫째, 각 상자마다 1명씩만 맞추었기 때문에 첫 번째 상자는 성암이가 말한 빨간색이 된다. 그로 인해 다섯 번째 상자는 성암이가 말한 흰색이 될 수 없고 남수가 말한 자주색이 된다.

둘째, 첫 번째 상자가 빨간색이기 때문에 네 번째 상자는 흰색이 된다. 네 번째 상자가 흰색이기 때문에 윤지는 네 번째에서 틀렸으므로 두 번째 상자는 파란색이 된다.

셋째, 남은 상황으로 인해 민애는 세 번째 상자의 구슬의 색인 노란색을 맞히게 된다.

정답 민애-노란색, 윤지-파란색, 성암-빨간색, 세실-흰색, 남수-자주색

★★★★★☆

020

무슨 선수지?

직관적 통찰	정보의 조직화	공간화/시각화	수학적 추상화	귀납적 사고	연역적 사고	일반화 적용	반성적 사고
	●			○			○

조건 ①과 ②에 의해 가능한 영미, 철수, 민수와 학교와의 조합을 살펴보면 다음의 표와 같다.

영미	철수	민수
B	A	C
B	C	A
C	A	B

조건 ④, ⑤에 의해 철수는 수영선수가 아니므로 A초등학교 학생이 될 수 없다. 위의 세 가지 경우 중 철수가 A초등학교 학생이 아닌 경우는 한 가지뿐으로 영미가 B초등학교, 철수가 C초등학교, 민수가 A초등학교인 경우뿐이다.

조건 ④에 의해 A초등학교 민수는 수영선수가 되며, ③에 의해서 B초등학교 영미가 배구선수가 되며, 철수는 체조선수가 된다.

정답 민수-수영선수, 영미-배구선수, 철수-체조선수

021 ★★★★★☆

2등은 몇 점일까요?

직관적 통찰	정보의 조직화	공간화/ 시각화	수학적 추상화	귀납적 사고	연역적 사고	일반화 적용	반성적 사고
	●			○		○	

① 1등의 점수는 17점이다. 각 점수에 해당하는 5, 3, 2, 1을 최대 4번 더하여서 17을 만들기 위해서는 5-5-5-2의 득점을 해야만 한다. 1등을 한 학생은 높이뛰기를 가장 못하였기 때문에, 높이뛰기를 3등하여 2점을 얻었고 나머지는 모두 1등을 하였다는 결과를 얻을 수 있다.

② 3등의 점수는 11점이다. 높이뛰기를 가장 잘하였는데, 가장 잘한 높이뛰기의 점수가 3점 또는 2점이라면 총점이 11점이 될 수 없다. 그러므로 3등한 학생은 높이뛰기에서 1등을 해서 5점을 득점하였고, 나머지 세 경기에서 6점을 얻었다.

③ 총점이 1등의 점수는 17점이며, 3등의 점수는 11점이기 때문에 2등한 학생의 점수는 12점에서 16점 사이의 점수가 된다. 그러나 총점이 2등인 학생은 1등한 종목이 하나도 없다(높이뛰기는 3등한 학생이 1등하였고, 나머지 경기는 1등한 학생이 모두 1등을 차지하였기 때문에). 결국 총점이 2등인 학생은 각 종목에서 얻은 최고점은 3점이 되며, 12~16점 사이에서 가능한 점수는 3+3+3+3인 12점뿐이다. 결국 2등한 학생은 모든 종목에서 2등을 하여 각 경기마다 3점씩, 총점 12점을 얻었다.

정답 총점이 2등인 학생은 공 던지기에서 3점을 얻었다.

022 ★★★★★☆

각각의 카드에는 무엇이 쓰여 있을까요?

직관적 통찰	정보의 조직화	공간화/ 시각화	수학적 추상화	귀납적 사고	연역적 사고	일반화 적용	반성적 사고
	●			○		○	

3장을 맞춘 학생과 2장을 맞춘 학생이 있기 때문에 예상한 결과가 같은 부분이 두 군데 있어야 한다.

풀이

태우와 준수의 첫 번째 카드(한)와 세 번째 카드(국)의 예상이 일치하기 때문에 이 두 사람이 모두 맞춘 학생과 2장을 맞춘 학생이 된다.

결국 준호가 모두 틀린 학생이 된다. 준호의 두 번째 카드의 예상은 '대'로 이것은 틀렸기 때문에, 준수가 예상한 '민'이 두 번째 카드가 된다. 결국 모두 맞춘 학생은 준수이며 2장을 맞춘 학생은 태우가 된다. 그리고 카드의 글자는 한, 민, 국이 된다.

정답 한, 민, 국

---

023 ★★★★★ 경기 결과가 어떻게 되었을까요?

직관적 통찰	정보의 조직화	공간화/ 시각화	수학적 추상화	귀납적 사고	연역적 사고	일반화 적용	반성적 사고
	●			○		○	

한국은 7점을 얻었는데, 그러려면 2승 1무의 성적을 내야 한다. 또한 쿠바는 1승 1무 1패의 경우에만 가능하며 일본은 1승 2패의 경우에만 가능하다. 쿠바의 1승은 일본을 상대로 3 : 2로 이겼기 때문에 일본의 2패 중 1패는 쿠바에게 진 것이 된다.

쿠바의 실점 4점 중 2점은 일본에게 당한 것이며, 미국은 득점이 없기 때문에 남은 실점 2점은 한국에게 당한 것이다. 결국 한국은 쿠바를 2 : 0으로 이겼다. 결국 쿠바는 한국에 지고, 일본에 이기고, 미국과 비겼다.

일본의 성적은 1무 2패인데 그중 1패는 한국에게 당했다. 왜냐하면 미국은 무득점이기 때문에 일본은 미국에게 패할 수 없다. 일본과 미국은 비기게 되고, 그 결과는 0 : 0이 되며 일본은 한국에게 패했다는 결과를 얻을 수 있다. 결국 한국은 쿠바와 일본에게 이겼기 때문에 미국과 비겼으며, 그 결과는 0 : 0임을 알 수 있다. 결국 한국의 득점 5점은 쿠바에 2점, 일본에 3점을 득점한 것이라는 결과를 알 수 있다. 전체 11점의 점수 중에서 한국이 5점을 득점하고, 쿠바와 일본이 서로에게 3점과 2점을 얻었기 때문에 한국은 일본에게 3 : 0으로 이겼다는 사실을 얻을 수 있다.

정답 한국과 일본의 경기 결과는 3:0으로 한국이 이겼다.

024 ★★★★★☆ 잭크와 콩나무

직관적 통찰	정보의 조직화	공간화/시각화	수학적 추상화	귀납적 사고	연역적 사고	일반화 적용	반성적 사고
◉					○		

2배씩 커지므로 30일 하루 전에 집높이의 절반이 된다.

정답 29일째

025 ★★★★★☆ 우리팀이 득점한 수는?

직관적 통찰	정보의 조직화	공간화/시각화	수학적 추상화	귀납적 사고	연역적 사고	일반화 적용	반성적 사고
	○		○				◉

정답 2 1 0 0 0 1 0 0 0 6

026 ★★★★★☆ 누가 빠를까요?

직관적 통찰	정보의 조직화	공간화/시각화	수학적 추상화	귀납적 사고	연역적 사고	일반화 적용	반성적 사고
○					○		◉

평소 대조가 지승보다 10m 빨리 들어와서 이기므로 대조가 150m 달릴 때 지승은 140m를 달리게 된다. 그런데 이번 시합에서 대조가 출발선 10m 뒤에서 출발하므로 지승이 140m 달리는 동안에 영수는 150m 달리는 것과 같다. 따라서 결승점 10m 남겨둔 지점에서는 대조와 지승이 같은 위치가 된다. 그런데 평소 달리기 속도는 대조가 지승보다 더 빠르므로 남은 10m를 같은 위치에서 달리기 하면 당연히 대조가 이기게 된다.

정답 대조

풀이

027 ★★★★★

높이에 따른 호의 둘레 변화 구하는 공식

직관적 통찰	정보의 조직화	공간화/시각화	수학적 추상화	귀납적 사고	연역적 사고	일반화 적용	반성적 사고
					◉	○	

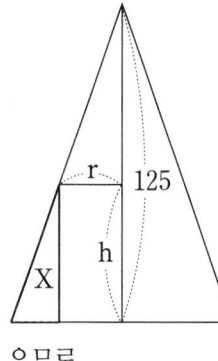

두 삼각형은 닮음꼴이므로

$x : 35 = h : 125$

$x = \dfrac{7}{25}h$

$r = 35 - x$

$\therefore r = 35 - \dfrac{7}{25}h$

임의의 높이 h에서의 호의 둘레는 밑변의 원주와 같으므로

$$2\pi r = 2\pi\left(35 - \dfrac{7}{25}h\right)$$

정답 $2\pi r = 2\pi\left(35 - \dfrac{7}{25}h\right)$ cm

028 ★★★★★☆

다음에 나올 수는?

직관적 통찰	정보의 조직화	공간화/시각화	수학적 추상화	귀납적 사고	연역적 사고	일반화 적용	반성적 사고
◉	○		○				

1행은 1(1)

2행은 1개인 1(1 1)

3행은 2개인 1(2 1)

4행은 1개인 2, 1개인 1(1 2 1 1)

5행은 1개인 1, 1개인 2, 2개인 1(1 1 1 2 2 1)

6행은 3개인 1, 2개인 2, 1개인 1(3 1 2 2 1 1)

따라서 7행은 1개인 3, 1개인 1, 2개인 2, 2개인 1(1 3 1 1 2 2 2 1)

정답 1 3 1 1 2 2 2 1

★★★★★☆ 신기한 분수
029

직관적 통찰	정보의 조직화	공간화/ 시각화	수학적 추상화	귀납적 사고	연역적 사고	일반화 적용	반성적 사고
●				○			

$$12\frac{3576}{894} = 16, \quad 6\frac{13258}{947} = 20$$

★★★★☆☆ 필승의 달리기 시합
030

직관적 통찰	정보의 조직화	공간화/ 시각화	수학적 추상화	귀납적 사고	연역적 사고	일반화 적용	반성적 사고
●			○			○	

창근이네 반이 1등을 내보낼 때 재동이네 반은 3등을 내보낸다. 물론 이번에는 재동이네 반이 진다. 그 다음 창근이네 반이 2등을 내보낼 때 재동이네 반은 1등을 내보내고, 창근이네 반이 3등을 내보낼 때 재동이네 반은 2등을 내보낸다. 이렇게 해서 나머지 두 시합에서는 재동이네 반이 이긴다. 여기서는 '3회 2승'인 경기규칙이 관건인데, 전체적으로 생각하여 1번 져주더라도 최후 승리를 거둘 수 있는 전략을 택할 수 있다.

정답 창근이네 반 순서에 따라 재동이네 반 순서를 바꾼다.
(창근이네 반 순서: 1-2-3, 재동이네 반 순서: 3-1-2)

★★★★★☆ 보물과 괴물이 있는 방은 어디일까요?
031

직관적 통찰	정보의 조직화	공간화/ 시각화	수학적 추상화	귀납적 사고	연역적 사고	일반화 적용	반성적 사고
	●		○				○

참이 한 가지이고 거짓이 두 가지라고 했기 때문에 다음과 같이 생각할 수 있다.
첫째, 보물이 들어 있는 방 안내문이 참일 경우이다. 방 2의 안내문은 거짓이 되고 방 1의 안내문이 거짓이라면 방 2와 방 1이 모순이 되기 때문에 제외된다.

풀이

둘째, 방 2의 안내문이 거짓이라면 방 1의 안내문이 참이 되어 참이 두 개가 된다.

셋째, 비어 있는 방 안내문이 참일 때 방 1과 방 3 안내문이 거짓이 된다.

정답 방 1-보물, 방 2-비어 있다, 방 3-괴물

★★★★★☆ 상자 고르기
032

직관적 통찰	정보의 조직화	공간화/ 시각화	수학적 추상화	귀납적 사고	연역적 사고	일반화 적용	반성적 사고
	●		○				○

(i) 금 또는 흙이라는 라벨이 붙여져 있는 상자에서 한 가지 물건을 꺼낸다. 꺼낸 물건이 만약 구리라면 구리가 붙여진 상자에 금을 붙이고 금이라고 붙인 상자에 금 또는 흙이라고 라벨을 붙인다.

마찬가지로 금 또는 흙이라는 상자에서 금을 꺼냈다면 그 상자는 당연히 금 상자가 되고 금이 붙여진 상자는 구리 상자가 되며, 구리가 붙여진 상자는 금 또는 흙 상자가 된다.

(ii) 금 라벨이 붙여져 있는 상자에서 한 가지 물건을 꺼낸다. 꺼낸 물건이 만약 구리라면 구리 라벨이 붙여져 있는 상자에서는 금이 나올 수 있다. 마찬가지로 금 또는 흙 상자에서도 금이 나올 수 있다. 두 상자 어디에서 금이 나온다고 보장할 수 없다. 즉 다른 두 개의 상자에서 금이 나올 수 있는 상황이 생기기 때문에 조건에 맞지 않다. 그러나 금 라벨의 상자에서 흙이 나오면 구리 라벨 상자는 금 상자가 되고 금 또는 흙 상자는 구리 상자가 된다.

(iii) 구리 라벨이 붙여져 있는 상자에서 금이 나왔다고 가정하면 다른 두 상자 어디에서 구리가 나올지 장담할 수 없다.

따라서 금 또는 흙 라벨이 붙여져 있는 상자에서 내용물을 꺼내야 한다.

정답 금 또는 흙 상자

033 ★★★★☆

상자에는 무엇이 들어 있을까?

직관적 통찰	정보의 조직화	공간화/시각화	수학적 추상화	귀납적 사고	연역적 사고	일반화 적용	반성적 사고
	●			○			○

B상자에 만약 흙이 들어 있다면 'A상자는 금 → C상자는 흙 → B상자는 금'이라는 모순이 생기게 된다. 따라서 명확한 것은 B상자에 흙이 들어 있으면 안 되기 때문에 금이 들어 있다.

정답 B상자에 금이 들어 있다.

034 ★★★★☆

구슬의 색

직관적 통찰	정보의 조직화	공간화/시각화	수학적 추상화	귀납적 사고	연역적 사고	일반화 적용	반성적 사고
	●				○		○

각 학생이 추측한 상황을 표로 나타낸다.

	1	2	3	4	5
경구		은색	검은색		
동구		하늘색		갈색	
철훈	갈색				살구색
경철			하늘색	살구색	
영준		검은색			은색

첫째, 매 봉투마다 1명씩만 맞추었기 때문에 첫 번째 봉투는 철훈이 말한 갈색이 된다. 그로 인해 다섯 번째 봉투는 철훈이 말한 살구색이 될 수 없으며, 영준이가 말한 은색이 된다.

둘째, 첫 번째 봉투가 갈색이기 때문에 네 번째 봉투는 살구색이 된다. 동구는 네 번째 봉투를 틀리고 두 번째 봉투의 색은 알아맞혔으므로, 두 번째 봉투색은 하늘색이 된다.

풀이

셋째, 남은 상황으로 인해 경구는 세 번째 봉투의 구슬의 색인 검은색을 맞히게 된다.

정답 경구-검은색, 동구-하늘색, 철훈-갈색, 경철-살구색, 영준-은색

035 ★★★★★☆

누구의 말을 들어야 할까?

직관적 통찰	정보의 조직화	공간화/시각화	수학적 추상화	귀납적 사고	연역적 사고	일반화 적용	반성적 사고
	◉				○		○

A는 어머니의 결정에 따르기로 했기 때문에 제외하고 B가 간다면 조건에서 C가 가면 된다. 만약 D가 간다면 A와 함께 가야 되고 그렇게 되면 B도 가야하므로 조건에서 맞지 않게 된다.

정답 B, C가 심부름을 간다.

036 ★★★★★☆

7개의 추

직관적 통찰	정보의 조직화	공간화/시각화	수학적 추상화	귀납적 사고	연역적 사고	일반화 적용	반성적 사고
○					◉		○

1g과 2g은 필요하다. 3g은 2g+1g, 4g은 다른 추가 필요하고, 5g은 3g+2g, 6g은 4g+2g, 7g은 4g+2g+1g이다. 이렇게 계속해보면 1g, 2g, 4g, 8g, 16g, 32g, 64g의 추가 필요하다는 것을 알 수 있다.

정답 1g, 2g, 4g, 8g, 16g, 32g, 64g

037 ★★★★☆ 강아지의 수는?

직관적 통찰	정보의 조직화	공간화/ 시각화	수학적 추상화	귀납적 사고	연역적 사고	일반화 적용	반성적 사고
◉					○		○

수컷을 □마리라고 하면, 암컷은 (□-1)라고 할 수 있다.
따라서 2×(□-1)=□이고, □는 4이다.

정답 4마리의 수컷과 3마리의 암컷

038 ★★★★☆ 조건에 맞는 수 찾기

직관적 통찰	정보의 조직화	공간화/ 시각화	수학적 추상화	귀납적 사고	연역적 사고	일반화 적용	반성적 사고
◉					○		○

일의 자리 수를 □라 하면 천의 자리 수는 (2×□), 백의 자리 수는 (2×□)-2이다. 십의 자리 수는 (2×□)+1 또는 (□+5)이다.
따라서 (2×□)+1=□+5이고, □는 4이다.

정답 8694

039 ★★★★★ 수를 찾아라

직관적 통찰	정보의 조직화	공간화/ 시각화	수학적 추상화	귀납적 사고	연역적 사고	일반화 적용	반성적 사고
	○				○		◉

11×11×11=1331
12×12×12=1728
13×13×13=2197
14×14×14=2744
⇒ 1331+1728+2197+2744=8000
20×20×20=8000

정답 11, 12, 13, 14, 20

풀이

040 ★★★★☆ 빈칸 채우기

직관적 통찰	정보의 조직화	공간화/시각화	수학적 추상화	귀납적 사고	연역적 사고	일반화 적용	반성적 사고
○					○		◉

4	÷	2	+	7	=	9
×		+		+		−
6	+	4	−	7	=	3
÷		×		−		÷
8	−	2	−	5	=	1
=		=				=
3	+	12	−	9	=	6

041 ★★★★★ 그 사람의 나이는?

직관적 통찰	정보의 조직화	공간화/시각화	수학적 추상화	귀납적 사고	연역적 사고	일반화 적용	반성적 사고
						◉	

맞추는 방법은 다음과 같다.

먼저 상대방의 나이를 3으로 나눈 나머지에 70배한다. 이 수를 A라고 한다. 다음에 상대방의 나이를 5로 나눈 나머지에 21배한다. 이 수를 B라고 한다. 마지막으로 상대방의 나이를 7로 나눈 나머지에 15배한다. 이 수를 C라고 한다. 세 개의 수 A, B, C를 더한다. 그 합이 105보다 클 때는 105나 210을 빼서 105보다 작게 한다. 또한 그 합계가 105 이하 일 때는 그 수가 상대방의 나이이다.

그러면 이 방법으로 문제에 나온 상대방의 나이를 맞춰보자.

3으로 나누어 남은 수 1에 70을 곱하면 70이다. (A=70)
5로 나누어 남은 수 2에 21을 곱하면 42이다.   (B=42)
7로 나누어 남은 수에 2에 15를 곱하면 30이다. (C=30)

이 3개의 수를 더하면 70+42+30=142가 된다. 이것은 105보다 크므로 105나 210을 빼서 작게 만든다. 이 경우는 105를 뺀다. 142－105＝37로 상대방의 나이는 37세이다.

정답 37세

---

042 ★★★★★★ 답은 반드시 하나로

직관적 통찰	정보의 조직화	공간화/ 시각화	수학적 추상화	귀납적 사고	연역적 사고	일반화 적용	반성적 사고
						●	

다음 계산 방법을 따르면 된다.
① 각 자릿수가 2 이상 차이가 나는 3자리 수를 쓰게 한다.
② 그 수를 반대 순서대로 쓰게 한다.
③ 큰 수에서 작은 수를 빼게 한다.
④ 나온 답을 다시 반대 순서로 쓰게 한다.
⑤ ③과 ④를 더하면 그 답은 항상 1089이다.

정답 1089

---

043 ★★★★★☆ 세 사람의 직업은?

직관적 통찰	정보의 조직화	공간화/ 시각화	수학적 추상화	귀납적 사고	연역적 사고	일반화 적용	반성적 사고
	●				○		○

주어진 조건을 표로 나타낸다. 재동이는 군인이 아니며, 시현이는 회사원이

풀이

아니고, 일룡이는 회사원이 아니다. 그러므로 재동이는 회사원이 된다. 이 조건을 표로 나타내면 다음과 같다.

	시현	일룡	재동
교사			X
회사원	X	X	O
군인			X

첫째, 시현이가 교사, 일룡이가 군인인 경우를 보자. 주어진 조건에 의해 재동이는 군인인 일룡이보다 나이가 많다(재동 > 일룡). 그러나 이 경우는 회사원(재동이)은 일룡이보다 나이가 어리다는(재동 < 일룡) 조건과 모순을 이루게 된다. 그러므로 시현이는 교사가 될 수 없으며 일룡이는 군인이 될 수 없다.

둘째, 시현이가 군인, 일룡이가 교사인 경우를 보자. 재동이는 군인(시현)보다 나이가 많고(재동 > 시현), 시현이와 회사원인 재동이의 나이는 서로 다르며(시현 ≠ 재동), 회사원(재동이)은 일용이보다 나이가 어리다(일룡 > 재동)는 결론이 성립하며, 여기에는 논리적인 문제점이 존재하지 않고 주어진 조건을 모두 만족하게 된다.

정답 시현 - 군인, 일룡 - 교사, 재동 - 회사원

---

044 ★★★★★☆

결과는 맞춘 사람은?

직관적 통찰	정보의 조직화	공간화/ 시각화	수학적 추상화	귀납적 사고	연역적 사고	일반화 적용	반성적 사고
	O				O		●

첫째, 만약 철수가 맞추었다고 해보자. 그렇다면 나머지 세 사람의 예상은 틀린 것이 된다. 1등은 A 또는 B 중 1명이 하게 된다. 그러나 민수의 'C

는 1등이 아니다'라는 예측은 틀렸기 때문에 C는 1등이 되어야만 한다. 결국 각각의 결론이 모순이기 때문에 철수의 예상은 틀렸다. 마찬가지로 혜정의 예상이 옳다면 D, E, F 중 1명이 1등을 하게 되는데, 역시 민수가 말한 것처럼 C가 1등을 하게 된다는 결론과 모순되기 때문에 혜정의 예상도 틀리게 된다.

둘째, 민수의 예상이 옳다고 한다면, C는 1등이 아니며, 철수의 예상이 틀렸기 때문에 A와 B 둘 다 1등이 아니다. 즉 A, B, C 중에서는 1등이 없다. 즉 D, E, F 중에 1등이 있는데, 혜정의 D, E, F 중 1등이 있다는 것이 틀렸기 때문에 D, E, F 중에도 1등이 없다는 결론이 나온다. 결국 민수의 예상이 옳다면 1등한 사람이 없다는 결론이 나온다. 그러므로 민수의 예상도 틀렸다.

셋째, 영희의 예상이 옳다면 D, E, F 중 1등이 없다. 철수에 의해 A와 B도 1등이 아니며, 민수에 의해서 C가 1등이라는 결론이 나온다. 그리고 혜정에 의해서 1등은 D, E, F 중에 없다는 결론이 나온다. 이 경우에는 논리적인 오류가 나타나지 않는다. 그러므로 영희의 예상이 옳으며 1등은 C가 하였다.

정답 C

045 ★★★★★

어떻게 이길 수 있었을까요? 1

직관적 통찰	정보의 조직화	공간화/ 시각화	수학적 추상화	귀납적 사고	연역적 사고	일반화 적용	반성적 사고
◉							

상황 1. 보크로 이긴다.
상황 2. 포수가 공을 빠트려서 스트라이크 낫아웃 상태로 이긴다.

풀이

★★★★★★ 046 어떻게 이길 수 있었을까요? 2

직관적 통찰	정보의 조직화	공간화/시각화	수학적 추상화	귀납적 사고	연역적 사고	일반화 적용	반성적 사고
	○				○		●

먼저 10점을 낼 수 있는 방법을 생각해야 한다.

점수를 내는 방법은 터치다운으로 6점, 터치다운 후 플레이킥으로 넘기면 1점 추가 또는 다른 공격 방법(패스나 런닝)으로 득점하면 2점이 추가된다. 그런데 10점을 지고 있기 때문에 이러한 방법으로는 최대 8점이다. 또다른 득점 방법으로는 공격팀의 골라인 안쪽에서 태클을 하여 4번의 공격기회를 무산시키거나 볼을 잡아 수비팀이 2점을 얻는 방법이 있다.

믿기지 않겠지만 3분 동안 피츠버그팀이 인디아나포리스팀의 골라인 안에서 공을 빼앗아서 2점을 얻은 후 다시 터치다운 후 플레이킥을 차지 않고 패스나 런닝을 통한 득점을 해서 대역전승을 이끌게 된 것을 추측할 수 있다.

★★★★★☆ 047 견우와 직녀

직관적 통찰	정보의 조직화	공간화/시각화	수학적 추상화	귀납적 사고	연역적 사고	일반화 적용	반성적 사고
●					○		

두 수를 가장 가깝게 만들어야 한다. 숫자를 각각 1번씩만 사용하여 만들 수 있는 가장 가까운 수는 50123과 49876이다.

따라서 가장 가깝게 있을 수 있는 거리는 50123 − 49876 = 247 (km)이다.

정답 247 km

048 ★★★★★ 노아의 방주

직관적 통찰	정보의 조직화	공간화/ 시각화	수학적 추상화	귀납적 사고	연역적 사고	일반화 적용	반성적 사고
					●	○	

대홍수를 일으킨 물은 실제 대기 중에서 생긴 것이다. 실제 수학적으로 계산한 기상학의 책에 의하면 $1\,m^2$ 땅 위의 공기 기둥에는 수증기가 평균 16 kg 포함되어 있으며 많아도 25 kg 이상을 넘지 않는다고 한다. 이 대기 중의 수증기 전체가 비가 되어 땅에 내릴 경우 그 깊이는 얼마나 될까? 25 kg, 즉 25000 g의 물의 부피는 25000 cm^3이다. $1\,m^2 = 100\times100\,(cm^2)$ =10000 (cm^2)에 대하여 이 부피를 밑넓이로 나누면 깊이가 나온다. $25000 \div 10000 = 2.5$, 즉 전세계를 덮은 대홍수는 기껏해야 수심이 2.5 cm 밖에 되지 않는다. 이 이상의 수분이 대기 중에는 없고, 또한 내린 비가 땅에 스며들지 않는다는 가정 하에서이다. 이 2.5 cm라는 높이는 지상 8840 m의 에베레스트 산 꼭대기에는 훨씬 못 미친다. 그러니까 성경에서 나오는 대홍수의 이야기는 무려 350000배나 과장이 된 것이다.

049 ★★★★★ 7형제의 나이는?

직관적 통찰	정보의 조직화	공간화/ 시각화	수학적 추상화	귀납적 사고	연역적 사고	일반화 적용	반성적 사고
	○				●		○

오늘이 7명 모두의 생일이므로, 그들의 나이는 모두 정수이다. 7개의 정수를 곱해 6591이 나올 수 있도록 하는 정수를 찾아야 한다. 6591을 소인수분해하면 $3\times13\times13\times13$이다. 1살짜리 세 쌍둥이가 있어야 곱한 수가 변하지 않으므로 7명의 나이를 모두 알 수 있다. 1살짜리 세 쌍둥이, 3살, 13살짜리 세 쌍둥이이다.

정답 1살, 1살, 1살, 3살, 13살, 13살, 13살

풀이

050 ★★★★☆ 비밀의 카드

직관적 통찰	정보의 조직화	공간화/ 시각화	수학적 추상화	귀납적 사고	연역적 사고	일반화 적용	반성적 사고
			●		○		○

3장의 카드를 각각 □, △, ○라 하면, 3장의 카드의 평균이 26이므로 □+△+○= 26×3 = 78이다. 그리고 앞의 2장의 카드의 평균이 32이므로 □+△= 64이다. 따라서 세 번째 카드의 숫자 ○= 78 − 64 = 14이다.

정답 14

051 ★★★★☆ 숫자 채우기

직관적 통찰	정보의 조직화	공간화/ 시각화	수학적 추상화	귀납적 사고	연역적 사고	일반화 적용	반성적 사고
○					●		○

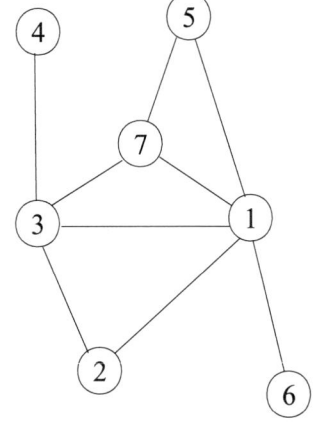

052 ★★★★★☆ 나의 답은 맞는데 1

직관적 통찰	정보의 조직화	공간화/시각화	수학적 추상화	귀납적 사고	연역적 사고	일반화 적용	반성적 사고
◉							

시계를 보고 계산했다면 가능하다.

053 ★★★★★☆ 나의 답은 맞는데 2

직관적 통찰	정보의 조직화	공간화/시각화	수학적 추상화	귀납적 사고	연역적 사고	일반화 적용	반성적 사고
○			○		◉		

1 = 9, 2 = 3, 3 = 0, 4 = 4, 5 = 2, 6 = 8, 7 = 1, 8 = 9, 9 = 5, 0 = 6으로 생각했다.

054 ★★★★★☆ 알 수 없는 거짓말 나라

직관적 통찰	정보의 조직화	공간화/시각화	수학적 추상화	귀납적 사고	연역적 사고	일반화 적용	반성적 사고
	○				○		◉

먼저 오늘이 월요일이라고 가정하면 월요일은 남자들이 거짓말을 하고 여자들이 참말을 하는 날이다. 그런데 여자가 어제 거짓말을 하는 날이라고 했는데 일요일은 모두가 참말을 해야 하는데 거짓말을 했으므로 모순이다. 만일 오늘이 화요일이나 수요일이라고 가정해도 문제의 뜻과 모순되기에 이것도 성립할 수 없다. 오늘이 목요일이라고 가정한다면 여자가 어제 거짓말을 하는 날이라고 했는데 어제는 수요일이기 때문에 수요일은 여자가 참말을 하는 날이다. 따라서 목요일에 거짓말을 한다는 문제의 뜻과 부합된다. 남자의 경우에도 목요일을 참말을 해야 하니 어제 거짓말을 하는 날이라고 했으니 수요일에는 남자들이 거짓말을 하는 날이니 참말이라고 할 수 있어 문제의 뜻과 부합된다. 따라서 오늘은 목요일이다.

정답 목요일

풀이

055 ★★★★★☆ 거짓부족과 참부족

직관적 통찰	정보의 조직화	공간화/ 시각화	수학적 추상화	귀납적 사고	연역적 사고	일반화 적용	반성적 사고
	○				○		●

처음 원주민이 어느 부족인지 모르므로 판정할 수 없다고 생각할 수 있으나 사실은 처음 원주민은 어느 부족이던 간에 "A부족입니다."라고 말할 수밖에 없다. 왜냐하면 첫 번째 원주민이 A부족이라면 사실을 말했을 것이고 만약 B부족이라고 해도 거짓말로 A부족이라고 말할 것이기 때문이다.
따라서 두 번째 원주민이 사실을 이야기했고 세 번째 원주민은 거짓말을 하고 있는 것이다.

정답 3번째 원주민

056 ★★★★☆☆ 스핑크스의 퀴즈

직관적 통찰	정보의 조직화	공간화/ 시각화	수학적 추상화	귀납적 사고	연역적 사고	일반화 적용	반성적 사고
●							○

나그네가 '나는 거짓말만 말한다'고 이야기하면 이 말이 참일 때 나는 거짓말만 하는데 진실을 말했으니까 틀린 것이고, 이 말이 거짓일 때 나는 거짓말을 하지 않는데 거짓을 말한 것이니 둘 다 모순이 되어 스핑크스도 어쩔 수 없게 된다.

정답 '나는 거짓말만 한다'고 말하면 모순이 되므로 살 수 있다.

★★★★★☆
057

갈림길에서 살아남는 법

직관적 통찰	정보의 조직화	공간화/ 시각화	수학적 추상화	귀납적 사고	연역적 사고	일반화 적용	반성적 사고
					◉		○

"이 길이 천국으로 가는 길이냐고 물으면 당신은 Yes라고 대답할 겁니까?"

만약 대답이 Yes라면 그 길은 천국, 대답이 No라면 그 길은 지옥이다. 마찬가지로

"이 길이 천국으로 가는 길이냐고 물으면 당신은 No라고 대답할 겁니까?"

혹은

"지옥으로 가는 길이냐고 물으면 당신은 Yes(or No)라고 대답할 겁니까?"

악마가 누구인지 모르는 상황이니 어떻게 물어도 진실을 가리키도록 질문해야 한다. 이건 부정을 다시 부정하는 방법, 즉 이중 질문을 해야 한다는 뜻이다. 같은 질문에 천사는 참→참으로 대답하고, 악마는 거짓→거짓으로 대답함으로써 모두 참이 되도록 하는 방법이다. 이중 긍정은 당연히 참이고 이중 부정도 참이 된다. 따라서 질문이 긍정+긍정이거나 부정+부정이면 대답이 긍정인 쪽이 천국이 되는 거고 부정인 쪽이 지옥이 된다. 반대로 질문이 긍정+부정 혹은 부정+긍정이면 대답이 부정인 쪽이 천국, 긍정인 쪽이 지옥이 된다.

왼쪽 길이 천국으로 가는 길이고 오른쪽 길이 지옥으로 가는 길이라고 치자. 첫째, 왼쪽 길을 가리키면서 "이 길이 천국으로 가는 길이냐고 물으면 너는 yes라고 대답할거냐?"라고 물었을 경우를 보자. 악마의 대답에 대비해서 질문을 반으로 나누자.

① 이 길은 천국으로 가는 길이냐?
② ①번 질문에 대해 너는 yes라고 대답할 거냐?

천사의 경우 ①번 질문에 당연히 yes라고 대답할 것이고 따라서 ②번 질

풀이

문도 당연히 yes가 된다. 그럼 악마의 경우는? 악마의 경우 ①번 질문에 no라고 대답해야 한다(천국으로 가는 길이니까 거짓말을 해야 한다). 그럼 ②번 질문(①번 질문에 대해 너는 yes라고 대답할 거냐?)을 보자. 악마는 ①번 질문에 no라고 대답했다. 그러니 yes라고 대답할 거냐는 질문에 거짓말을 하기 위해서는 yes라고 대답해야 한다(no라고 말하면 참을 말하는 결과가 된다). 같은 질문에 대해 천사도 악마도 같은 대답, 즉 yes라는 대답을 한다. 그러니 어느 누구에게 묻든 yes라는 대답이 나오면 그 길은 천국으로 가는 길이다. 이번엔 오른쪽 길, 즉 지옥길을 가리키며 같은 질문을 해보자. 천사의 경우 ①번 질문에 당연히 no라고 대답할거고 따라서 ②번 질문도 no가 된다. 이제 악마의 경우를 보자. 악마는 ①번 질문에 거짓말을 해야 하니 yes라고 대답할 거다. 그리고 ②번 질문에서 다시 거짓말을 해야 하므로 대답은 결국 no가 된다. 즉 저 질문에 한해 no라는 대답이 나오면 그 길은 지옥길이 되는 것이다.

둘째, 이번엔 다른 질문을 하자. 천국길을 가리키며 "이 길이 지옥으로 가는 길이냐고 물으면 너는 no라고 할거냐?"에 대해 생각해보자.

① 이 길은 지옥으로 가는 길이냐,
② 너는 ①번 질문에 대해 no라고 대답할거냐.

천사는 간단하다. ①번에 no, ②번에 yes이다. 악마의 대답은 ①번 질문에 yes, ②번 질문에 yes이다. 이번엔 지옥길을 가리키며 같은 질문을 해보자. 천사는 ①번에 yes, ②번에 no이다. 악마는 ①번에 no, 2번에 no이다. 결국 두 경우 모두 yes라고 하는 길이 바로 천국길이고 no라고 하는 질문이 지옥길이다. 결론적으로 이중 부정(지옥 + no)으로 질문하면 결국 앞의 질문(천국 + yes)과 같은 결과가 나온다.

셋째, 이제 섞어놓은 질문을 보자.
"이 길은 천국으로 가는 길이냐고 물으면 너는 no라고 할거냐."

천국길의 경우, 천사는 yes, no, 악마는 no, no이다. 지옥길의 경우, 천사는 no, yes, 악마는 yes, yes이다. 즉 no라고 말하면 천국이고 yes라고 말하면 지옥이다.

마지막 질문

"이 길은 지옥으로 가는 길이냐고 물으면 너는 yes라고 할거냐."

천국길의 경우 천사는 no, no. 악마는 yes, no이다. 지옥길의 경우 천사는 yes, yes, 악마는 no, yes이다. 즉 no라고 하면 천국이고 yes라고 하면 지옥이다.

058 ★★★★★★ 백설 공주의 선택

직관적 통찰	정보의 조직화	공간화/ 시각화	수학적 추상화	귀납적 사고	연역적 사고	일반화 적용	반성적 사고
●					○		

일단 하나의 봉투를 선택한 후 자신이 선택한 봉투라고 말한 다음 그것을 불에 태워 버린다. 그 후에 남은 봉투를 새엄마에게 주면서 읽어보라고 한다. 당연히 그 봉투에는 '추방'이라고 적혀 있을 것이고 마녀의 말대로 태워버린, 즉 자신이 선택한 봉투에는 '결혼'이라고 적혀 있다고 말할 수 있다.

풀이

059 ★★★★☆☆ 직마주 보는 면 찾기

직관적 통찰	정보의 조직화	공간화/ 시각화	수학적 추상화	귀납적 사고	연역적 사고	일반화 적용	반성적 사고
○		●			○		

◇ 면의 옆면으로 ◯ ◈ ✦ ✺ 면이 있으며 ✦ 면의 옆면은 ✺ ◇ ◇ 이다. 또한 ✺ 과 ✦ 을 동시에 접하는 면은 ◇ 면과 ◇ 면이다.

정답

060 ★★★★☆☆ 규칙 찾기 1

직관적 통찰	정보의 조직화	공간화/ 시각화	수학적 추상화	귀납적 사고	연역적 사고	일반화 적용	반성적 사고
○		●					

중복되는 것은 사라지고 중복되지 않는 그림만 남는다.

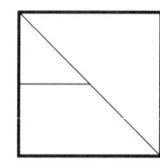

061 ★★★★☆☆

규칙 찾기 2

직관적 통찰	정보의 조직화	공간화/ 시각화	수학적 추상화	귀납적 사고	연역적 사고	일반화 적용	반성적 사고
◉		○					

도형이 합쳐지면서 완성된다.

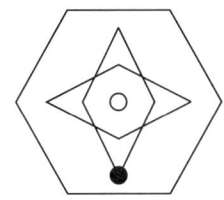

062 ★★★★☆☆

규칙 찾기 3

직관적 통찰	정보의 조직화	공간화/ 시각화	수학적 추상화	귀납적 사고	연역적 사고	일반화 적용	반성적 사고
◉		○			○		

왼쪽 사각형과 그 위쪽 사각형 안에 있는 별의 위치를 비교하여 별이 중복되면 지우고 중복되지 않으면 모두 그린다.

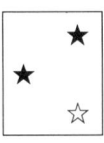

풀이

063 ★★★★☆

규칙 찾기 4

직관적 통찰	정보의 조직화	공간화/시각화	수학적 추상화	귀납적 사고	연역적 사고	일반화 적용	반성적 사고
		○					

주어진 4개의 그림에서 공통된 부분은

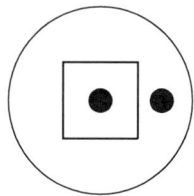

주어진 그림에서 공통된 부분이 네 곳에 있는 도형은

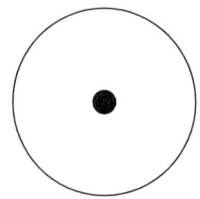

이므로 공통된 부분을 뺀 나머지를 그대로 옮긴다.

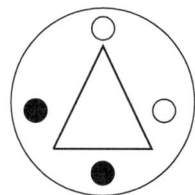

064 ★★★★★☆

규칙 찾기 5

직관적 통찰	정보의 조직화	공간화/시각화	수학적 추상화	귀납적 사고	연역적 사고	일반화 적용	반성적 사고
◉					○	○	

검은 점과 흰 점의 개수는 각 줄마다 7개씩 있다. 따라서 3행 2열에 들어

갈 도형은 2열에서 이미 검은 점 7개가 모두 포함되어 있기 때문에 흰 점 2개만 들어가야 하며 3행 3열에는 3행에서 검은 점이 3개 있기 때문에 검은 점이 4개, 흰 점이 1개가 들어가야 한다. 마지막으로 4행 3열에는 검은 점이 1개, 흰 점이 3개 들어가야 도형 속의 규칙에 맞다.

065 ★★★★★☆ 보이지 않는 숫자는 무엇일까요?

직관적 통찰	정보의 조직화	공간화/ 시각화	수학적 추상화	귀납적 사고	연역적 사고	일반화 적용	반성적 사고
○		●			○		

1과 인접해 있는 두 면의 숫자는 2, 4이고, 그림 C를 보면 1과 인접해 있는 두 면의 숫자는 3, 5이다. 1과 인접해 있는 네 면의 숫자가 2, 4, 3, 5이므로 1의 맞은 면의 숫자는 6일 수밖에 없다.

같은 이유로 그림 A, B로부터 알 수 있는 결과로 2의 맞은 면의 숫자는 3일 수밖에 없다.

정답 1과 맞은편에 있는 숫자는 6, 2와 맞은편에 있는 숫자는 3, 4와 맞은편에 있는 숫자는 5

066 ★★★★★☆ 5-1반의 학생 수

직관적 통찰	정보의 조직화	공간화/ 시각화	수학적 추상화	귀납적 사고	연역적 사고	일반화 적용	반성적 사고
	○				●		

먼저 10개의 곡 중에서 2개의 곡을 고를 수 있는 모든 경우의 수는 45이다. 이 말은 45명이 고르는 2개의 곡 중에서 하나는 중복되는 곡을 고르더라도 다른 하나는 중복되지 않는다는 말과 같다. 조건에서 2명 이상이 중복되었다고 했으므로 47명이 5-1반의 최소 인원수라는 말과 같다.

정답 최소 47명

풀이

★★★★★★ 067 교실의 학생 수

직관적 통찰	정보의 조직화	공간화/ 시각화	수학적 추상화	귀납적 사고	연역적 사고	일반화 적용	반성적 사고
	○			○			◉

남학생의 수가 5명이 안 된다면(즉, 남학생의 수가 4명 이하이면) 여학생의 수는 5명 이상이 될 수밖에 없다. 마찬가지로 여학생의 수가 5명이 안 된다면(즉, 여학생의 수가 4명 이하이면) 남학생의 수는 5명 이상이 될 수밖에 없다. 따라서 적어도 5명의 남학생이 있거나 적어도 5명의 여학생이 있게 된다.

만약 남학생의 수가 3명이 안된다면(즉, 남학생의 수가 2명 이하이면) 여학생의 수는 7명 이상이 될 수밖에 없다. 마찬가지로 여학생의 수가 7명이 안된다면(즉, 여학생의 수가 6명 이하이면) 남학생의 수는 3명 이상이 될 수밖에 없다. 따라서 적어도 3명의 남학생이 있거나 적어도 7명의 여학생이 있어야 한다.

★★★★★☆ 068 같은 날에 생일인 학생의 수는?

직관적 통찰	정보의 조직화	공간화/ 시각화	수학적 추상화	귀납적 사고	연역적 사고	일반화 적용	반성적 사고
	○			○			◉

357명을 31로 나누어 보면 몫이 11이고 나머지가 16이 된다. 즉 357명의 생일이 7월 1일부터 7월 31일까지 골고루 분산된 경우를 생각해보면 11명씩 자기 생일에 해당하는 곳으로 들어가고 나머지 16명도 어느 날이든 들어가야 한다. 따라서 아주 골고루 생일이 분산되어 있는 경우에도 어느 날인지 알 수는 없지만 적어도 11명이 같은 날(생일)에 있을 것이다. 이 외에도 어떤 날에는 11명보다 작은 학생이 들어가 있겠지만 다른 어떤 날에는 반드시 생일이 같은 친구가 11명보다 많게 될 것이다.

따라서 이 학교의 7월에 태어난 학생 중에 생일이 같은 사람은 적어도 11명은 반드시 있다고 할 수 있다. **정답** 적어도 11명

★★★★★ 069   11의 배수

직관적 통찰	정보의 조직화	공간화/ 시각화	수학적 추상화	귀납적 사고	연역적 사고	일반화 적용	반성적 사고
		○			◉		○

11 이상의 모든 자연수는 11가지로 분류할 수 있다(n은 임의의 자연수).

① 11로 나누었을 때 나누어 떨어지는 수($11 \times n + 0$)
② 11로 나누었을 때 나머지가 1인 수($11 \times n + 1$)
③ 11로 나누었을 때 나머지가 2인 수($11 \times n + 2$)
$$\vdots$$
⑪ 11로 나누었을 때 나머지가 10인 수($11 \times n + 10$)

이때 11로 나누었을 때 나머지가 같은 수끼리의 차는 11의 배수가 된다.
$\{(11 \times n + k) - (11 \times m + k) = 11 \times (n - m),\ n,\ m,\ k$는 자연수$\}$

서랍 원리에 의해 11 이상인 임의의 자연수 12개는 위의 11개의 경우로 분류하였을 때 11로 나누었을 때 나머지가 같은 수는 적어도 2개가 반드시 존재하게 된다.

그러므로 11 이상의 임의의 12개의 자연수 중 두 수의 차가 11의 배수인 수는 반드시 존재한다.

★★★★★ 070   두 점 사이의 거리 1

직관적 통찰	정보의 조직화	공간화/ 시각화	수학적 추상화	귀납적 사고	연역적 사고	일반화 적용	반성적 사고
		○			◉		

먼저 정육각형을 한 변의 길이가 1 cm인 여섯 개의 정삼각형으로 나눈다. 그러면 적어도 하나의 정삼각형에는 두 개 이상이 들어가게 된다. 따라서 같은 삼각형 안에 있는 두 점 사이의 거리는 1 이하가 된다.

풀이

071 ★★★★★ 두 점 사이의 거리 2

직관적 통찰	정보의 조직화	공간화/ 시각화	수학적 추상화	귀납적 사고	연역적 사고	일반화 적용	반성적 사고
		○			●		

0에서 1까지의 수직선을 긋고 그 수직선을 8등분한다.

$0 \quad \frac{1}{8} \quad \frac{2}{8} \quad \frac{3}{8} \quad \frac{4}{8} \quad \frac{5}{8} \quad \frac{6}{8} \quad \frac{7}{8} \quad 1$

각 구간의 길이는 $\frac{1}{8}$이며 8개의 구간이 나오게 된다. 여기에 임의의 9개의 점을 정하고, 수직선 위에 표시한다면 반드시 1개의 구간에 적어도 2개의 점이 존재하는 구간이 생기게 된다. 한 구간 안에 있는 두 점 사이의 거리는 반드시 $\frac{1}{8}$보다 작다. 그러므로 0보다 크고 1보다 작은 선분에 점이 9개가 있을 때, 두 점 사이의 거리가 $\frac{1}{8}$보다 작은 두 개의 점은 반드시 존재한다.

072 ★★★★★☆ 나와 같은 점수를 가진 사람은 몇 명?

직관적 통찰	정보의 조직화	공간화/ 시각화	수학적 추상화	귀납적 사고	연역적 사고	일반화 적용	반성적 사고
	○				○		●

10~60점까지 51개 점수에서 59, 58, 57, 54, 53점은 얻을 수 없다. 따라서 46개 점수에 4명씩 들어가고 그 다음 사람은 46개 점수 어딘가에 들어갈 것이다. 따라서 46×4+1=185(명) 최소 185명이 참가해야 한다.

정답 185명

★★★★★☆

073 구슬의 짝을 찾아라

직관적 통찰	정보의 조직화	공간화/ 시각화	수학적 추상화	귀납적 사고	연역적 사고	일반화 적용	반성적 사고
			○		○		◉

첫째, 구슬의 색이 4가지이기 때문에 꺼낸 4개의 구슬이 모두 다른 색이라면 1쌍의 구슬도 꺼내지 못한 경우가 된다. 이때 구슬을 하나 더 꺼낸다면 꺼낸 구슬의 색에 상관없이 1쌍의 구슬 쌍을 만들게 된다. 즉 1쌍의 구슬을 확정하기 위해서는 5개의 구슬을 꺼내야 한다.

둘째, 이제 2쌍 이상의 경우를 알아보자. 1쌍을 확정하기 위해 꺼낸 빨간색 구슬이 2개, 나머지 구슬의 색이 각각 1개씩 있다고 하자. 여기에 1개의 구슬을 더 꺼냈을 때, 구슬의 색이 빨간색이 아니라면 새로운 1쌍의 구슬이 생겨 2쌍의 구슬이 생기게 된다. 그러나 꺼낸 구슬이 빨간색이라면 빨간 구슬이 3개, 다른 구슬이 1개씩 있으므로 구슬의 쌍은 1가지 밖에 없다. 즉 그 이상의 구슬 쌍을 확정하기 위해서는 1개 이상의 구슬을 꺼내야 한다.

셋째, 주머니에서 2개의 구슬을 꺼내보자. 먼저 꺼내진 5개의 구슬은 위 경우와 같다고 하자(빨간 구슬 2개, 나머지 구슬 각각 1개). 이때 새로 꺼낸 두 개의 구슬이 가지는 경우는 세 가지가 있다.

① 구슬의 색이 서로 같을 때: 구슬의 색에 상관없이 1쌍의 구슬이 추가된다.
② 꺼낸 두 개의 구슬이 빨간 것 1개, 다른 색 1개일 경우: 빨간색이 아닌 다른 색으로 구슬쌍이 1쌍 생기게 된다.
③ 꺼낸 구슬이 빨간색이 아닌 다른 색으로 2가지가 나온 경우: 2쌍의 구슬이 더 생긴다.

즉 2개의 구슬을 꺼내면, 그 구슬의 색이 어떠하더라도 1쌍의 구슬쌍이 생기게 된다. 즉 추가적인 구슬 쌍을 확정하려면 2개의 구슬을 꺼내야 한다.

풀이

마지막으로 3쌍 이상의 구슬 쌍을 꺼내는 경우는 위의 방법과 같다. 추가적인 구슬 쌍을 만드는 데는 2개의 구슬이 필요하게 된다. 그러므로 10개의 구슬 쌍을 만드는 데는 첫 번째 구슬 쌍을 확정하는 5개의 구슬과 추가적인 9개의 구슬 쌍을 확정하기 위해 2개씩 9번, 즉 18개를 더 꺼내면 된다. 그러므로 10쌍의 구슬을 꺼내는 데는 23개의 구슬이 필요하다.

정답 23개

---

074 ★★★★★☆ 맞는 열쇠를 찾아라!

직관적 통찰	정보의 조직화	공간화/시각화	수학적 추상화	귀납적 사고	연역적 사고	일반화 적용	반성적 사고
			○		◉		○

첫째, 10개의 열쇠 중 하나를 골라 12개의 자물쇠를 하나씩 열어 보자. 이 열쇠로 열 수 있는 자물쇠를 찾는데 11개를 열어서 모두 열지 못했다면 나머지 1개가 확정적으로 이 열쇠로 열 수 있는 자물쇠가 된다. 즉 첫 번째 열쇠와 자물쇠를 찾아서 확정하는 데는 최소 11번 열어 봐야 한다.

둘째, 자물쇠 하나가 줄었으므로 남은 자물쇠는 9개이다. 그러므로 두 번째 열쇠로 열 수 있는 자물쇠를 찾아서 확정하는 데는 위와 마찬가지 방법으로, 10번을 열어 봐야 한다.

셋째, 그 다음 열쇠로 자물쇠를 찾는 데는 9번, 다음은 7번이 필요하다. 이런 식으로 줄여 나가면, 마지막 열쇠는 3개의 자물쇠를 확인하면 되므로 2번만 열어 보면 된다. 즉 열쇠로 열 수 있는 자물쇠를 다 찾는데는 11+10+9+8+7+6+5+4+3+2 =65로서 최소 65번을 열어 보면 열쇠로 열 수 있는 자물쇠를 다 찾을 수 있다.

정답 65번

075 ★★★★☆ 사탕포장하기

직관적 통찰	정보의 조직화	공간화/시각화	수학적 추상화	귀납적 사고	연역적 사고	일반화 적용	반성적 사고
			◉		○		

첫째, 주어진 문제를 수학적으로 분석해본다. 다른 말로 바꾸어 표현하면 8 이상의 모든 자연수 N은 $3k+5m$ (m, n은 자연수)의 꼴로 나타낼 수 있음을 보이는 문제와 같다.

둘째, N은 3을 기준으로 $3 \times k$, $3 \times k+1$, $3 \times k+2$의 세 가지 경우로 구분한다. 모든 자연수는 앞의 세 가지 경우로 분류할 수 있다.

① $N = 3 \times k (k \geq 3)$인 경우: 이 경우에는 3개짜리 봉투를 k개만큼 주면 된다.

② $N = 3 \times k + 1 (k \geq 3)$인 경우: $3 \times k + 1 = 3 \times (k-3) + 5 \times 2$이므로 이 경우는 3개짜리 봉투를 $k-2$개, 5개짜리 봉투를 2개 주면 된다.

③ $N = 3 \times k + 2 (k \geq 3)$인 경우: $3 \times k + 2 = 3 \times (k-1) + 5$이므로 이때에는 3개짜리 봉투 $k-1$개를, 5개짜리 봉투를 1개 주면 된다.

이상의 결론으로 인해, 8개 이상을 판매할 경우에는 사탕의 개수를 맞추기 위해 봉투를 뜯을 필요 없이 두 가지 봉투를 섞어서 판매하면 된다.

076 ★★★★★ 네가 생각한 수를 알 수 있다

직관적 통찰	정보의 조직화	공간화/시각화	수학적 추상화	귀납적 사고	연역적 사고	일반화 적용	반성적 사고
						◉	○

영철이는 어떻게 이것을 맞추었을까? 이것은 다음과 같이 하면 맞출 수 있다. 상대가 마지막에 남은 수를 말하면, 그것을 다 합한다. 그래서 그것을 9의 배수 중에 남은 수를 합한 수보다 큰 9의 배수에서 빼면 ○표시한 수가 나온다. 문제의 경우는 2, 0, 9의 합계는 11이 된다. 그것보다 큰 9의 배수는

풀이

18이므로 18 − 11 = 7이 상대가 ○표시한 수임을 알 수 있다.

정답 7

077 ★★★★★★ 카드 맞추기

직관적 통찰	정보의 조직화	공간화/ 시각화	수학적 추상화	귀납적 사고	연역적 사고	일반화 적용	반성적 사고
						◉	○

이 계산 마술에서는 마지막의 숫자를 듣는 것만으로 상대가 생각한 카드를 맞출 수 있다. 하는 방법은 마지막의 숫자에서 5를 빼면 된다. 문제의 예에서는 43 − 5 = 38이 된다. 이 답의 일의 자리가 카드의 종류(여기서는 하트)를, 십의 자리가 카드의 숫자(여기서는 3)를 나타내는 것이다.

정답 하트 3

078 ★★★★★★ 생일 날짜 맞추기

직관적 통찰	정보의 조직화	공간화/ 시각화	수학적 추상화	귀납적 사고	연역적 사고	일반화 적용	반성적 사고
						◉	○

이 카드를 사용하면, 상대방의 생일에서 '일'을 맞출 수 있다. 그 방법은 상대방 생일의 숫자가 어느 카드에 들어 있는지 A, B, C, D, E로 물어보면 된다.

가령 상대방이 'A, B, E'라고 말한다고 하자. 그 3개의 카드일 경우는, 상대방이 태어난 날은 19일이다. 이것을 맞추는 방법은 A, B, C, D, E 중에서 말한 카드의 처음 숫자를 더하면 된다. 예를 들어 상대방이 'A, B, E'라고 말했으므로, 카드 A의 처음 수는 1, 카드 B의 처음 수는 2, 카드 E의 처음 수는 16을 모두 합하면 답은 19일이 된다. 또한 만약 'B, C, D'라고 상대방이 말했다면, 각각의 카드의 처음 숫자인 2와 4와 8을 더하여 14일이 답이 된다.

★★★★★★
079

전진 게임

직관적 통찰	정보의 조직화	공간화/ 시각화	수학적 추상화	귀납적 사고	연역적 사고	일반화 적용	반성적 사고
					◉	○	

칸은 9줄이므로 흰색 바둑돌과 검은색 바둑돌 사이는 7, 5, 3의 간격이 있다. 양쪽이 전진만 할 때는 문제 087번(세 산의 약)과 거의 같고 단지 처음의 수가 7, 5, 3으로 다르다는 것뿐이다.

반드시 이기는 방법은 흰색과 검은 색 사이의 수를 항상 세 산의 약의 이기는 형태로 만들어 가면서 전진해가면 된다.

★★★★☆☆
080

좁은 길

직관적 통찰	정보의 조직화	공간화/ 시각화	수학적 추상화	귀납적 사고	연역적 사고	일반화 적용	반성적 사고
		◉					○

1이 우선 작은 공간에 들어가고 2, 3은 뒤로 후진한다. 4, 5, 6이 작은 공간을 지나 앞으로 나가고 1이 작은 공간에서 나온다.

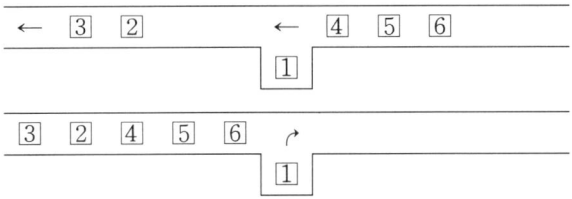

다음에 4, 5, 6을 후진시켜 2를 작은 공간에 넣고, 4, 5, 6이 앞으로 전진하고 2가 작은 공간에서 나온다.

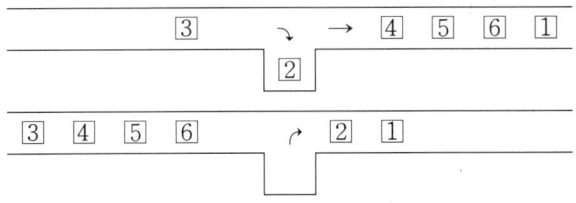

다음으로 ③을 작은 공간에 넣고 ④, ⑤, ⑥이 그대로 전진하고 ③도 작은 공간에서 나온다.

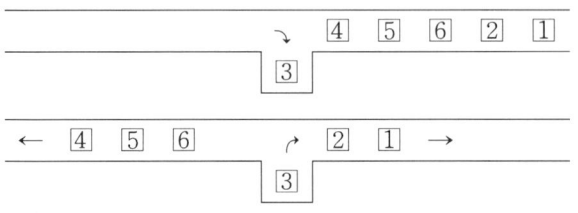

★★★★★

081

최후의 일인

직관적 통찰	정보의 조직화	공간화/ 시각화	수학적 추상화	귀납적 사고	연역적 사고	일반화 적용	반성적 사고
				○		○	◉

① 1번: 게임을 시작하는 사람이 최후까지 살아남을 수 있다.
② 29번: 위 게임을 인원수에 따라 진행한다면 다음과 같은 결과를 얻을 수 있다.

게임인원	1	2	3	4	5	6	7	8	9	10	11	12	13	14	15	16	17	18
최후의 1인	1	1	3	1	3	5	7	1	3	5	7	9	11	13	15	1	3	5
게임인원	19	20	21	22	23	24	25	26	27	28	29	30	31	32				
최후의 1인	7	9	11	13	15	17	19	21	23	25	27	29	31	1				

③ 규칙 1. 최후의 1인은 반드시 홀수 번호에 있는 사람이 나타납니다.
   규칙 2. 게임 인원에 상관없이 최후의 1인은 홀수 번호인 사람이 됩니다.
   규칙 3. 다음 표와 같이 1, 4, 8, 16번의 경우에는 시작하는 사람이 최후의 1인이 됩니다.

인원수	최후의 1인	결과
1	1	마지막 사람이 이김
2	1	1번이 이김
3	3	마지막 사람이 이김
4	1	1번이 이김
7	7	마지막 사람이 이김
8	1	1번이 이김
15	15	마지막 사람이 이김
16	1	1번이 이김
31	31	?
32	?	

★★★★☆☆

082

동전 앞면 찾기

직관적 통찰	정보의 조직화	공간화/시각화	수학적 추상화	귀납적 사고	연역적 사고	일반화 적용	반성적 사고
			○	○			◉

	1	2	3	4	5	6	7	8	9	10	11	12	13	14	15	16	17	18	19	20
1	○	○	○	○	○	○	○	○	○	○	○	○	○	○	○	○	○	○	○	○
2		×		×		×		×		×		×		×		×		×		×
3			×			○			×			○			×			○		
4				○				○				×				○				○
5					×					○					○					×
6						×						○						×		
7							×						○							
8								×							×					
9									○									○		
10										×										○
11											×									
12												×								
13													×							
14														×						
15															×					
16																○				
17																	×			
18																		×		
19																			×	
20																				×

*○는 앞면, ×는 뒷면

정답 1, 4, 9, 16번째 동전

풀이

★★★★☆☆
083

피는 물보다 진하다

직관적 통찰	정보의 조직화	공간화/시각화	수학적 추상화	귀납적 사고	연역적 사고	일반화 적용	반성적 사고
			○			○	◉

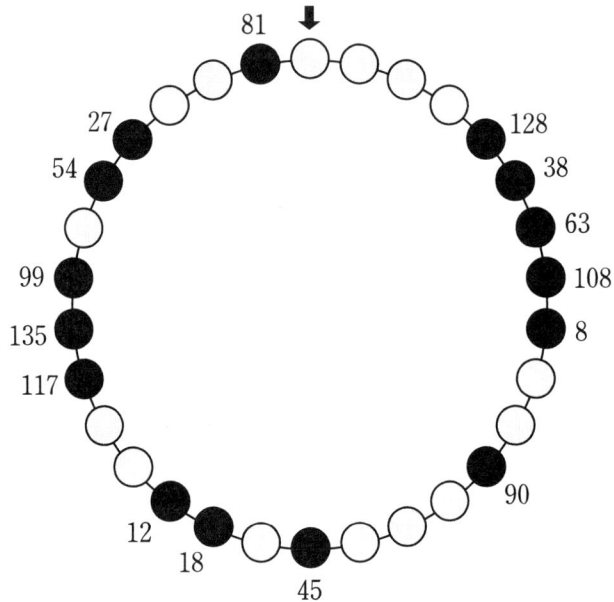

정답 친아들을 백으로, 의붓아들을 흑으로, 위 그림과 같이 배치하고 화살표의 친아들로부터 오른쪽으로 세기 시작한다.

084 ★★★★★☆

사다리타기의 진실

직관적 통찰	정보의 조직화	공간화/ 시각화	수학적 추상화	귀납적 사고	연역적 사고	일반화 적용	반성적 사고
					○	○	◉

① 1번은 토끼이다.

②

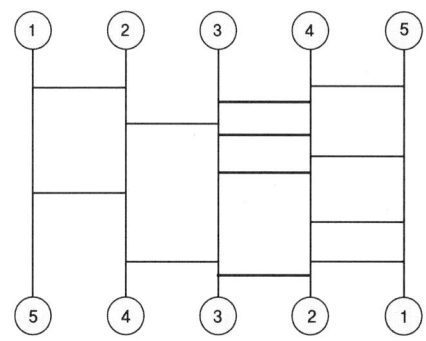

③ 가로선은 7개가 필요하다. 점선 바로 위까지의 순서를 적어보면,

             3 5 2 4 1

따라서 순서를 조정하기 위해 다음 변화가 필요하다.

             3 2 5 1 4
             2 3 1 5 4
             2 1 3 4 5
             1 2 3 4 5

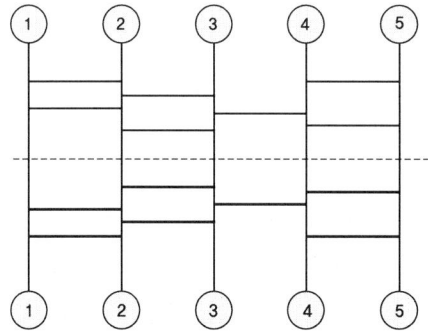

풀이

★★★★☆ 085 어떻게 하면 이길까?

직관적 통찰	정보의 조직화	공간화/ 시각화	수학적 추상화	귀납적 사고	연역적 사고	일반화 적용	반성적 사고
				○		○	●

20을 말하기 위해서는 17을 말하면 된다. 17을 말하고 싶으면 14를 말하면 된다. 이렇게 계속해서 14를 말하기 위해서는 11, 11을 말하기 위해서는 8, 8을 말하기 위해서는 5, 5를 말하기 위해서는 2를 말하면 된다. 따라서 먼저 2를 말하고 3개씩 묶으며 말하면 반드시 이길 수 있다.

정답 2를 먼저 말하고 그다음 3개씩 묶어서 말하면 이긴다.

★★★★★ 086 마지막 핀 1개는?

직관적 통찰	정보의 조직화	공간화/ 시각화	수학적 추상화	귀납적 사고	연역적 사고	일반화 적용	반성적 사고
		○				○	●

이 놀이는 오래전 나폴레옹이 센트헬레나 섬에 유배된 후 할일이 없어 이 놀이를 했다고 전해지고 있어 200년 이상의 역사를 지니고 있다.
정답이 몇 개 있다고 하지만 여기서는 그 중 하나를 알아보자.

		13	14	15		
		23	24	25		
31	32	33	34	35	36	37
41	42	43	44	45	46	47
51	52	53	54	55	56	57
		63	64	65		
		73	74	75		

우선 판을 위와 같이 생각하여 번호를 붙인다. 처음에 44의 위치는 비어 있고 다른 32곳의 칸에는 핀이 꽂혀 있다. 그럼 42의 위치의 핀은 43에 핀이 있으므로, 뛰어 넘어 44로 이동하고, 그때 뛰어넘게 한 43은 제거하는 것이므로, 이것을 42→44로 표시하자. 다음은 해답 중 하나이다.

64→44, 56→54, 75→55, 73→75, 45→65, 75→55, 25→45, 37→35, 34→35, 57→37, 37→35, 32→34, 13→33, 43→23, 15→13, 13→33, 63→34, 51→53, 54→52, 31→51, 51→53, 34→54, 54→56, 56→36, 36→34, 33→35, 45→25, 25→23, 53→33, 23→43, 43→44

이것으로 중앙의 44에 마지막 1개를 남길 수 있다.

087 ★★★★★

세 산의 약

직관적 통찰	정보의 조직화	공간화/시각화	수학적 추상화	귀납적 사고	연역적 사고	일반화 적용	반성적 사고
			◉			○	○

세 개의 산이 만들어지면 당신은 가능한 빨리 각 산에 있는 바둑돌의 수를 눈으로 확인하고 상대에게 먼저 할 건지 나중에 할 건지 물어본다. 바둑돌이 많을 때는 상대가 어느 것을 택해도 대체로 괜찮다. 각 산에 남은 것이 10개 정도가 되었을 때 이제는 주의해서 바둑돌의 집어 가야 한다. 당신의 순서가 되었을 때 자기가 집은 후 세 산의 바둑돌의 개수가 다음과 같이 되면 이기는 형태가 된다.

풀이

(1, 2, 3),　　(1, 4, 5),　　(1, 6, 7,),
(2, 4, 6),　　(2, 5, 7),　　(3, 4, 7),
(3, 5, 6),　　(3, 9, 10),　　(0, □, □)

자신이 돌을 가져갈 때 (1, 2, 3)의 형태가 되도록 남기던지 아니면 (1+a, 2+b, 3+c) 여기서 a, b, c 셋 중에 2개는 같고 1개는 0인 형태를 만들면 된다. 여기서 자신이 먼저 a, b, c 중 하나를 0으로 만드는 순간 지게 되니 주의해야 한다. 그렇지 않으면 (0, n, n)의 형태가 되도록 남기면 무조건 이긴다.

(0, n, n)의 형태에서는 상대방이 가져간 만큼 가져오면 되기 때문이다. (1+a, 2+b, 3+c)의 형태에서는 상대방이 가져간 것을 계산하여 (1, 2, 3)의 형태를 다시 만들거나 (0, n, n)의 형태로 만들면 이기도록 되어 있다.

상대가 잡은 후 남은 수를 보고 그때부터 당신은 몇 개를 집으면 이기게 되는지를 생각하여 그 개수만큼 집는다. 마지막에 가까워지면 세 산의 바둑돌 수가 적어지지만 이기는 형태에서는 상대가 어느 한 산의 전부를 집어가도 남은 두 산의 수는 서로 다르다. 그때 당신은 많은 산에서 몇 개를 집고 2개의 산의 수를 같게 한다. 그렇게 하면 다음에 상대가 집은 수와 같은 수의 바둑돌을 남은 산에서 집어낸다. 가장 마지막은 반드시 당신이 잡을 수밖에 없다.

★★★★★☆
088

구슬 갖기 게임							
직관적 통찰	정보의 조직화	공간화/시각화	수학적 추상화	귀납적 사고	연역적 사고	일반화 적용	반성적 사고
				○		○	◉

이 문제는 거꾸로 생각할 수 있는데 자신이 마지막 구슬을 가지고 가려면 마지막에 상대방에게 약간의 구슬을 남겨야 한다. 한 번에 제일 많이 10개를 가지고 갈 수 있고 제일 적게는 1개를 가지고 갈 수 있으므로 상대방이 마지막에 가지고 갈 때 총합이 제일 클 때가 99, 제일 작을 때가 90이 되게 하여야 한다. 그러므로 마지막에 상대방에게 11개를 남겨 주어야 한다. 다시 말하면 마지막 한 개를 가지고 가려고 하면 반드시 두 사람이 가지고 간 구슬의 총합이 89가 되게 하여야 한다. 그리고 89개를 만들려고 하면 앞의 계산 방법으로 두 사람이 가지고 간 구슬의 총합이 78이 되게 해야 한다. 이와 같이 추리하면 두 사람이 가지고 갈 때마다 두 사람의 구슬의 총합이 100, 89, 78, 67, 56, 45, 34, 23, 12, 1을 얻는 사람이 반드시 이긴다.

그러므로 반드시 이길 수 있는 방법은
① 먼저 구슬 1개를 가지고 온다.
② 매번 두 사람이 가지고 간 구슬의 총합이 11이 되게 하여야 한다. 상대방이 a개 $(1 < a < 10)$를 가지고 가면 나는 $(11-a)$개를 가지고 와야 한다.

이러한 방법을 쓰면 게임을 반드시 이길 수 있다.

풀이

★★★★★☆ 089 필승의 비법

직관적 통찰	정보의 조직화	공간화/ 시각화	수학적 추상화	귀납적 사고	연역적 사고	일반화 적용	반성적 사고
				○		○	●

100번째 바둑돌을 가져가기 위해서는 96번째 바둑돌을 가져가면 된다. 96번째 바둑돌을 가져가려면 92번째 돌을, 계속 내려가다보면 4번째 바둑돌을 가져가는 사람이 그 다음부터 4의 배수가 되게 돌을 가져가면 반드시 이길 수 있다.

정답 4번째 바둑돌을 먼저 가져가고 그 다음부터 4개씩 묶어 가져간다.

★★★★★☆ 090 윤년구하기

직관적 통찰	정보의 조직화	공간화/ 시각화	수학적 추상화	귀납적 사고	연역적 사고	일반화 적용	반성적 사고
			○	○		●	

정답 1980, 1984, 1988, 1992, 1996, 2000, 2004, 2008

★★★★★★ 091 달력의 비밀 1

직관적 통찰	정보의 조직화	공간화/ 시각화	수학적 추상화	귀납적 사고	연역적 사고	일반화 적용	반성적 사고
			○	○		●	

시각까지 생각해보면 7월 2일 정오가 시간적으로 생각한 1년의 한 가운데이다.

정답 7월 2일

092 ★★★★★ 달력의 비밀 2

직관적 통찰	정보의 조직화	공간화/시각화	수학적 추상화	귀납적 사고	연역적 사고	일반화 적용	반성적 사고
			○	○		●	

직접 달력을 확인해보면 된다.
달력은 7일이 일주일로 주기가 있어 요일이 반복된다. 1월에서 9월까지의 날수의 7로 나눈 나머지를 구해보면
1월-3일, 2월-0일, 4월-2일, 5월-3일, 6월-2일
7월-3일, 8월-3일, 9월-2일
3+0+3+2+3+2+3+3+2=21이므로 1월과 9월 사이의 날부터 합이 7의 배수가 되기 때문에 1월과 10월의 날짜, 요일이 모두 같다.

정답 1월과 10월

093 ★★★★★ 달력의 비밀 3

직관적 통찰	정보의 조직화	공간화/시각화	수학적 추상화	귀납적 사고	연역적 사고	일반화 적용	반성적 사고
			○	○		●	

이 날은 각각의 수를 전부 더한 답이 20이고, 1년 중 가장 크게 된다.

정답 9월 29일

094 ★★★★★ 달력의 비밀 4

직관적 통찰	정보의 조직화	공간화/시각화	수학적 추상화	귀납적 사고	연역적 사고	일반화 적용	반성적 사고
			○	○		●	

21세기 가운데 어느 해의 달력이라도 28년 후까지 빼서 두면 다시 제대로 사용할 수 있다.
단순계산으로는 7년이 주기겠지만 7년중 한 해는 무조건 윤년이 들어가기

풀이

때문에 그렇지가 않다.
① 윤년의 7년중 1번 있을 경우 : 6년후
② 윤년의 7년중 2번 있을 경우 : 5년후
그렇다면 14년 주기로 가보면 무조건 윤년이 3회 있다.
하지만 2년의 변수가 있기 때문에 다시 늘려서 28년 주기도 해보면 윤년이 정확히 7번 들어간다. 그리고 윤년을 계산하고 남는 해가 없다. 그러므로 28년을 주기로 해서 달력을 쓸 수 있다.

정답 양력 2037년

★★★★★ 095 달력의 비밀 5

직관적 통찰	정보의 조직화	공간화/ 시각화	수학적 추상화	귀납적 사고	연역적 사고	일반화 적용	반성적 사고
			○	○		●	

21세기는 2001년 1월 1일부터 2100년 12월 31일까지지만, 이 중에 365일인 평년이 76번, 366일인 윤년이 24번 있기 때문이다. 또한 4로 나누어 떨어지는 해는 보통 윤년이지만 2100년은 평년으로 하기로 되어 있다.

정답 36524일간

★★★★★ 096 그때가 무슨 요일이었지?

직관적 통찰	정보의 조직화	공간화/ 시각화	수학적 추상화	귀납적 사고	연역적 사고	일반화 적용	반성적 사고
			○	○		●	

문제의 **Tip** 을 따라해보면 해당 요일이 나온다.

정답 1985년 6월 7일 : 금요일
2004년 2월 23일 : 월요일

★★★★★★
097

21세기 달력							
직관적 통찰	정보의 조직화	공간화/ 시각화	수학적 추상화	귀납적 사고	연역적 사고	일반화 적용	반성적 사고
			○	○		●	

문제의 표를 사용하면 양력 2099년까지의 모든 요일을 찾을 수 있다.
첫째, 양력 2000~2027년의 경우를 보자. 우선 이 왼쪽 위의 칸에서 양력의 년 수를 선택한다(윤년의 1, 2월은 색칠되어 있는 것을 사용). 다음에는 그 열에서 바로 아래로 내려가 월을 선택하고 오른쪽 위의 칸에서 그 일을 선택한다. 달에서 오른쪽으로 일에서 아래로 내려오면 그 교차점의 요일이 찾고 싶은 요일이 된다. 따라서 2009년 7월 22일은 수요일, 2016년 2월 23일은 화요일이다.
둘째, 양력 2028년 이후의 경우를 보자. 양력 2028~2055년의 경우는 28, 2056~2083년의 경우는 56, 2084~2099년의 경우는 84를 뺀 해를 계산한다. 그 해는 찾고 싶은 해와 달력이 같다. 그러므로 그 해의 칸을 찾아 나가면 알고 싶은 날짜의 요일을 알 수 있다.

정답 2009년 7월 22일 : 수요일
2016년 2월 23일 : 화요일

★★★★☆☆
098

주방장의 고민							
직관적 통찰	정보의 조직화	공간화/ 시각화	수학적 추상화	귀납적 사고	연역적 사고	일반화 적용	반성적 사고
		○			○		●

먼저 7 L들이 양동이를 A라 하고 5 L들이 양동이를 B라 하자.
B에 물을 가득 부어 A에 옮긴다. 그러면 A에는 2 L의 여유가 생긴다. 다음 B에 물을 가득 담아 A에 나머지를 채우면 B에 3 L의 물이 남는다. A의 물을 버리고 B의 물을 A에 옮기면 A에는 다시 4 L의 여유가 생긴다. 마지막으로 B에 물을 가득 채워 A에 가득 채우면 5 L들이 컵에 남은 물은 정확히 1 L가 된다.

풀이

★★★★☆
099   물 나누기 1

직관적 통찰	정보의 조직화	공간화/ 시각화	수학적 추상화	귀납적 사고	연역적 사고	일반화 적용	반성적 사고
		○			○		◉

① 12L → 7L : (5, 7, 0) ② 7L → 5L : (5, 2, 5)
③ 5L → 12L : (10, 2, 0) ④ 7L → 5L : (10, 0, 2)
⑤ 12L → 7L : (3, 7, 2) ⑥ 7L → 5L : (3, 4, 5)
⑦ 5L → 12L : (8, 4, 0) ⑧ 7L → 5L : (8, 0, 4)
⑨ 12L → 7L : (1, 7, 4) ⑩ 7L → 5L : (1, 6, 5)
⑪ 5L → 12L : (6, 6, 0)

★★★★☆
100   물 나누기 2

직관적 통찰	정보의 조직화	공간화/ 시각화	수학적 추상화	귀납적 사고	연역적 사고	일반화 적용	반성적 사고
		○			○		◉

① 8, 0, 0   ② 3, 5, 0   ③ 3, 2, 3   ④ 6, 2, 0
⑤ 6, 0, 2   ⑥ 1, 5, 2   ⑦ 1, 4, 3   ⑧ 4, 4, 0

★★★★☆
101   위조동전은 어느 자루에 있을까?

직관적 통찰	정보의 조직화	공간화/ 시각화	수학적 추상화	귀납적 사고	연역적 사고	일반화 적용	반성적 사고
○		○		◉			

3개의 자루를 A, B, C 자루라고 하자. A 자루에서 동전을 1개 꺼내고, B 자루에서 동전을 2개 꺼내고, C 자루에서 동전을 3개 꺼낸다.
6개 동전의 무게를 재었을 때 305 g이면 A 자루가 위조동전자루, 310 g이면 B 자루가 위조동전자루, 315 g이면 C 자루가 위조동전자루이다.

102 ★★★★★ 물이 샐까?

직관적 통찰	정보의 조직화	공간화/시각화	수학적 추상화	귀납적 사고	연역적 사고	일반화 적용	반성적 사고
	○		○				◉

물탱크의 양을 1로 두면 입수관을 열어 놓으면 한 시간에 1이 차고, 배수관을 열면 세 시간에(1을 비울 수 있으므로, 가득 찬 물탱크의 물을 비울 수 있으므로) 한 시간에 물탱크의 $\frac{1}{3}$을 비울 수 있다. 만일 두 관을 동시에 다 연다면 한 시간에 $1-\frac{1}{3}=\frac{2}{3}$를 채울 수 있다.

따라서, 물탱크에 물을 가득 채우려면 $1 \div \frac{2}{3} = \frac{3}{2}$시간, 즉 1시간 30분이 걸린다. 그런데 문제에서는 물탱크가 가득 차는데 2시간이 걸린다고 했기 때문에 이 물탱크는 잘못 만들어져 물이 샌다고 할 수 있다.

물이 샌다고 생각하고 두 관을 동시에 열어 놓으면 한 시간에 물탱크에 채울 수 있는 양을 구하는 식은 1÷□=2로서, 물탱크의 $\frac{1}{2}$에 물을 채울 수 있다. 따라서 한 시간에 물탱크의 $\frac{2}{3} - \frac{1}{2} = \frac{1}{6}$ 물이 샌다. 그러므로 물탱크의 물이 다 새는 데 $1 \div \frac{1}{6} = 6$시간이 걸린다.

정답 물이 샌다. 제대로 만들어졌다면 1시간 30분이면 채울 수 있다. 6시간이면 다 샌다.

103 ★★★★☆ 얼마 만에 만날까?

직관적 통찰	정보의 조직화	공간화/시각화	수학적 추상화	귀납적 사고	연역적 사고	일반화 적용	반성적 사고
		◉		○		○	

두 도시 사이의 거리가 주어지지 않았기에 그 전체 거리를 1 km라고 가정하면 두 자동차는 한 시간에 각각 병규네차는 $\frac{1}{2}$ km, 창섭네차는 $\frac{1}{3}$ km씩 달린다. 두 자동차가 서로 마주하고 달리므로 속도의 합은 $\frac{1}{2}+\frac{1}{3}=\frac{5}{6}$

풀이

(km/시)이다. 따라서 두 자동차가 만나는데 걸리는 시간은 $1 \div \frac{5}{6} = \frac{6}{5} = 1\frac{1}{5}$ 시간이다.

정답 1시간 12분

104 ★★★★★ 잔디를 깎는데 걸리는 시간은?

직관적 통찰	정보의 조직화	공간화/시각화	수학적 추상화	귀납적 사고	연역적 사고	일반화 적용	반성적 사고
○	○						◉

잔디 전체를 1로 생각하고 잔디밭을 깎는데 2시간 걸리는 남자가 2명이 있다고 생각하면 그들이 같이 잔디를 깎으면 $\frac{1}{2} + \frac{1}{2} = 1$ (0.5+0.5=1)(속력)로서 원래 걸리는 시간의 반인 1시간이 걸릴 것이다. 또 잔디밭을 깎는데 4시간 걸리는 남자 2명이 함께 일하면 2시간 걸릴 것이다. 왜냐하면 위와 같은 계산방법을 똑같이 이용하면, $\frac{1}{4} + \frac{1}{4} = \frac{1}{2}$ (0.25+0.25=0.5)가 나온다. 그러나 0.5는 모든 잔디를 깎는데 걸리는 시간을 의미하지 않는다. 잔디밭의 크기 1에서 위의 0.5를 나누어야 모든 잔디를 깎는데 걸리는 시간이 나온다. 즉, $1 \div \frac{1}{2} = 2$ 시간이다. 이러한 방법으로 구하려는 시간을 찾을 수 있다. 즉, 1을 모든 사람의 속력의 합으로 나누면 된다.

남자 A	2시간	1/2=0.5
남자 B	3시간	1/3=0.33
남자 C	4시간	1/4=0.25
남자 D	6시간	1/6=0.167
	총 $\frac{5}{4}$=1.25	

다시 역수를 이용하면 $\frac{1}{1.25} = 0.8$시간, 즉 48분이 걸린다.

정답 48분

★★★★★★ 욕조에 물을 채우는데 걸리는 시간은?

105

직관적 통찰	정보의 조직화	공간화/ 시각화	수학적 추상화	귀납적 사고	연역적 사고	일반화 적용	반성적 사고
	○		○				●

문제 104를 푸는 방법을 이 문제를 푸는데도 적용해 보자.

온수 냉수	$\frac{1}{6} = 0.166$ $\frac{1}{2} = 0.5$
더하면	총 0.666
수도꼭지가 빠져 있다면	$\frac{1}{4} = 0.25$
빼면	총 0.416

$\frac{1}{6} + \frac{1}{2} - \frac{1}{4} = 0.416$

역수를 이용하면 욕조를 채우는 데는 $\frac{1}{0.416}$분, 즉 2분 24초 걸린다.

정답 2분 24초

★★★★★☆ 며칠이 걸릴까?

106

직관적 통찰	정보의 조직화	공간화/ 시각화	수학적 추상화	귀납적 사고	연역적 사고	일반화 적용	반성적 사고
○	○						●

이 문제는 일에 관한 문제에서의 '단위 1(총작업량)'과 '단위량(단위시간에 완성한 작업량)'에 대한 인식을 깊이하고 융통성 있게 응용하는 능력을 키

풀이

우는 것이다.

전체 일(담을 다 쌓는 작업량)을 '단위 1'로 보고 형 또는 동생이 하루에 쌓는 양을 각자의 '단위량'으로 보면 문제의 뜻에 따라 다음 계산식들을 세울 수 있다.

① $\left[1-\left(\dfrac{1}{4}+\dfrac{1}{5}\right)\times 2\right]\div \dfrac{1}{4}=\dfrac{2}{5}$ ② $\left[1-\left(\dfrac{1}{4}+\dfrac{1}{5}\right)\times 2\right]\div \dfrac{1}{5}=\dfrac{1}{2}$

③ $\left(1-\dfrac{1}{4}\times 2\right)\div \dfrac{1}{5}=2\dfrac{1}{2}$ ④ $\left(1-\dfrac{1}{5}\times 2\right)\div \dfrac{1}{4}=2\dfrac{1}{5}$

⑤ $\left(1-\dfrac{1}{5}\times 2\right)\div \left(\dfrac{1}{4}+\dfrac{1}{5}\right)=1\dfrac{1}{3}$ ⑥ $\dfrac{1}{2}\div \left(\dfrac{1}{4}+\dfrac{1}{5}\right)+\dfrac{1}{2}\div \dfrac{1}{4}=3\dfrac{1}{9}$

★★★★☆☆

107

몇 마리씩 나누지?

직관적 통찰	정보의 조직화	공간화/ 시각화	수학적 추상화	귀납적 사고	연역적 사고	일반화 적용	반성적 사고
◉				○			○

17마리에서 한 마리를 더해본다. 그러면 18마리가 된다. 18마리의 $\dfrac{1}{2}$은 9마리, 18마리의 $\dfrac{1}{3}$은 6마리, 18마리의 $\dfrac{1}{9}$은 2마리가 된다. 여기서 첫째, 둘째, 셋째 아들의 소를 모두 더하면 17마리가 나온다.

그러면 처음에 더한 1마리를 다시 빼면 총 17마리가 된다.

$\dfrac{1}{2}$, $\dfrac{1}{3}$, $\dfrac{1}{9}$로 가져가라고 한 것은 $\dfrac{1}{2}:\dfrac{1}{3}:\dfrac{1}{9}$의 비로 가져가라는 의미이다. $\dfrac{1}{2}:\dfrac{1}{3}:\dfrac{1}{9}$를 간단한 자연수의 비로 나타내면 9 : 6 : 2가 된다. 따라서 첫째, 둘째, 셋째는 각각 9마리, 6마리, 2마리를 가지고 갈 수 있다.

정답 첫째 아들: 9마리, 둘째 아들: 6마리, 셋째 아들: 2마리

★★★★★☆ 108 콩쥐의 구멍난 장독

직관적 통찰	정보의 조직화	공간화/시각화	수학적 추상화	귀납적 사고	연역적 사고	일반화 적용	반성적 사고
	○		○				●

3시간이면 물을 가득 채울 수 있으므로 한 시간에 장독의 $\frac{1}{3}$에 물을 넣을 수 있고, 4시간이면 구멍으로 물을 다 뺄 수 있으므로 한 시간에 장독의 $\frac{1}{4}$ 물을 뺄 수 있다.

만일 구멍난 장독에 물을 붓는다면 한 시간에 $\frac{1}{3} - \frac{1}{4} = \frac{1}{12}$ 장독에 물을 채울 수 있다. 다시 말하면 $1 \div \frac{1}{12} = 12$시간이면 장독에 물을 가득 채울 수 있다. 그런데 이런 장독에 물을 가득 채우는데 13시간이 걸렸기 때문에 예상시간 보다 $13 - 12 = 1$시간이 더 많이 걸렸다.

이것은 이 장독 어딘가에 물이 샌다는 것을 의미한다. 물이 새는 상황에서 물을 붓는 동시에 구멍으로 물이 빠져나가는 상황에서는 한 시간에 장독의 $\frac{1}{13}$에 물을 채울 수 있으므로 한 시간에 장독의 $\frac{1}{12} - \frac{1}{13} = \frac{1}{156}$ 물이 샌다. 그러므로 장독의 물이 다 새는 데는 $1 \div \frac{1}{156} = 1 \times \frac{156}{1} = 156$시간 걸린다.

정답 물이 샌다. 156시간

★★★★★☆ 109 노인은 얼마나 누워있었을까?

직관적 통찰	정보의 조직화	공간화/시각화	수학적 추상화	귀납적 사고	연역적 사고	일반화 적용	반성적 사고
		●		○			○

풀이

따라서 이 노인은 $\frac{2}{6} = \frac{1}{3}$ 을 식물인간 상태로 보내게 되었다.

정답 인생의 $\frac{1}{3}$

★★★★☆☆ 과일의 무게

110

직관적 통찰	정보의 조직화	공간화/ 시각화	수학적 추상화	귀납적 사고	연역적 사고	일반화 적용	반성적 사고
	○		●			○	

①에서 사과와 배의 무게는 같고, ②에서 감의 무게는 추 1개의 무게와 같다는 것을 알 수 있다. ③에서 감은 추 1개의 무게와 같으니 감과 추 1개를 제거하면 사과와 배 무게의 합은 추 3개의 무게와 같다. ①에서 사과와 배의 무게가 같으므로 사과와 배는 각각 추 1.5개의 무게와 같다. 따라서 사과가 감보다 더 무겁다.

정답 사과

★★★★☆☆ 닭의 무게는?

111

직관적 통찰	정보의 조직화	공간화/ 시각화	수학적 추상화	귀납적 사고	연역적 사고	일반화 적용	반성적 사고
	○		●			○	

저울이 수평을 이루니 같은 수의 닭과 병아리를 빼면 오른쪽은 닭 2마리, 왼쪽은 병아리 6마리가 수평을 이룬다. 병아리 한 마리의 무게는 200 g이므로 닭 두 마리의 무게는 1200 g이다. 따라서 닭 한 마리의 무게는 600 g이다.

정답 600g

112 ★★★★☆

몸무게가 얼마일까?

직관적 통찰	정보의 조직화	공간화/ 시각화	수학적 추상화	귀납적 사고	연역적 사고	일반화 적용	반성적 사고
	○		●			○	

진수＋영수＋영철＋수환＝157 kg이다.

전체가 200 kg이므로 진교의 몸무게는 200－157＝43 kg

수환＋진교＝77이므로 수환의 몸무게는 34 kg

영철＋수환＝77이므로 영철의 몸무게는 43 kg

영수＋영철＝81이므로 영수의 몸무게는 38 kg

진수＋영수＝80이므로 진수의 몸무게는 42 kg

정답 진수＝42 kg, 영수＝38 kg, 영철＝43 kg, 수환＝34 kg, 진교＝43 kg

---

113 ★★★☆☆☆

저울 퍼즐 1

직관적 통찰	정보의 조직화	공간화/ 시각화	수학적 추상화	귀납적 사고	연역적 사고	일반화 적용	반성적 사고
	○		●			○	

첫 번째 저울에서 ●를 ☆☆로 대체할 수 있으므로, 두 번째 저울에서 ● 대신 ☆☆로 바꿀 수 있다. 즉 ☆☆☆☆☆☆와 ☆■이 같게 된다. 따라서 ■ ＝ ☆☆☆☆이다.

정답 ☆☆☆☆

---

114 ★★★☆☆☆

저울 퍼즐 2

직관적 통찰	정보의 조직화	공간화/ 시각화	수학적 추상화	귀납적 사고	연역적 사고	일반화 적용	반성적 사고
	○		●			○	

첫 번째 저울대를 2배로 하면 ■■는 ☆☆☆☆●●와 같게 된다. 그런

풀이

데 두 번째 저울에서 ●●는 ☆☆☆와 같으므로 ☆☆☆☆☆☆☆와 같다.

정답 ☆☆☆☆☆☆☆

★★★★☆ 115 저울 퍼즐 3

직관적 통찰	정보의 조직화	공간화/ 시각화	수학적 추상화	귀납적 사고	연역적 사고	일반화 적용	반성적 사고
	○		◉			○	

첫 번째 저울을 2배로 하면 ☆☆☆☆와 ●●●●■■가 된다. 두 번째 저울에서 ●■■는 ☆☆☆와 같으므로 ●●●●■■ 대신 ●● ●☆☆☆로 대체할 수 있다. 따라서 ●●●는 ☆와 같다.

정답 ☆

★★★★★☆ 116 모빌의 균형의 잡아라

직관적 통찰	정보의 조직화	공간화/ 시각화	수학적 추상화	귀납적 사고	연역적 사고	일반화 적용	반성적 사고
	○	○					◉

왼쪽	오른쪽
(거리)　(무게)	(거리)　(무게)
7 × 5 = 35	8 × 1 = 8
5 × 7 = 35	7 × 6 = 42(6=4+2)
2 × 8 = 16	4 × 9 = 36(9=3+6)
86	86

정답 ①: 5g ②: 7g ③: 8g ④: 3g ⑤: 6g ⑥: 1g ⑦: 4g ⑧: 2g

117 ★★★★☆☆ 파란동전의 무게는?

직관적 통찰	정보의 조직화	공간화/시각화	수학적 추상화	귀납적 사고	연역적 사고	일반화 적용	반성적 사고
	○		◉			○	

녹색 동전 1개=노란색 동전 10개,

파란색 동전 2개=녹색 동전 5개=노란색 동전 50

따라서 파란색 동전 1개=노란색 동전 25개이다.

정답 파란색 동전 1개는 노란색 동전 25개의 무게와 같다.

118 ★★★★★★ 시간여행

직관적 통찰	정보의 조직화	공간화/시각화	수학적 추상화	귀납적 사고	연역적 사고	일반화 적용	반성적 사고
◉					○		○

현재 이론에서 시간여행은 과거로는 불가능하고 미래만 가능하다고 한다. 그리고 현재 시간여행의 개념도 미래로 가서 미래의 나와 현재의 나가 조우하는 그런 개념은 아니다.

좁디좁은 지구에서는 힘들지만 우주로 확장해서 보면, 1만 광년 거리의 천체가 폭발하면, 우리가 1만 년 후에 그 모습을 볼 수 있다.

하지만 천체 옆에서 폭발을 지켜보고 빛의 속도의 두 배로 달려 지구에 온다면, 오천년 전에 폭발을 지구에서 예상할 수가 있는 것이다. 이런 개념에서의 시간 여행이지, 시간을 역행하거나 다른 시간대로 옮겨간다는 그런 개념은 아니다.

풀이

119 ★★★★☆

시계

직관적 통찰	정보의 조직화	공간화/시각화	수학적 추상화	귀납적 사고	연역적 사고	일반화 적용	반성적 사고
	○		○				●

동생의 시계는 내 시계보다 한 시간에 4분이 빨리 간다. 내가 시계를 봤을 때 두 시간이 빨랐으므로 120분÷4분=30이다. 즉, 앞으로 30시간 후면 정확히 두 시간의 차이가 난다. 자정에 시간을 맞추었으므로 30시간 후면 오전 6시가 된다.

정답 오전 6시

120 ★★★★★

둘이 만나려면

직관적 통찰	정보의 조직화	공간화/시각화	수학적 추상화	귀납적 사고	연역적 사고	일반화 적용	반성적 사고
○		○					●

보통 사고방식대로 하면 봉주가 앞에서 달리고 코치가 뒤에서 쫓기에 필요 1시간을 다음과 같이 계산할 수 있다. 코치는 봉주보다 1시간에 (30−20) km씩 더 빨리 달린다. 봉주가 1시간 먼저 달린 거리는 20 km이다. 코치가 봉주를 따라잡는데 걸린 시간은

20÷(30−20)=2 (시간)

다시 말하면 코치가 봉주를 따라잡는데 2시간 걸린다.

사고방법을 바꾸어 코치가 봉주를 쫓게 하지 않고 호수 주위를 따라 봉주를 마주 보게 하면 어떨까? 코치가 봉주를 맞을 때 그 거리는 45−20=25(km)이다. 코치와 봉주의 속도의 합은 30+20=50 (km/시)이다. 그러면 코치와 봉주가 서로 만날 때까지 걸리는 시간은

25÷50=0.5 (시간)

이와 같이 맞는 방법은 일반적으로 선택하는 쫓는 방법보다 1시간 30분 (2

−0.5) 절약된다.

정답 쫓을 때−2시간, 마주 볼 때−30분

★★★★☆ 물건 옮기기

121

직관적 통찰	정보의 조직화	공간화/ 시각화	수학적 추상화	귀납적 사고	연역적 사고	일반화 적용	반성적 사고
○			○				◉

① 물건 A, B를 들고 옮긴다.−소요시간 2분 40초
② 물건 A를 들고 되돌아 온다.−소요시간 1분 30초
③ 물건 C, D를 들고 옮긴다.−소요시간 4분 40초
④ 물건 B를 들고 되돌아 온다.−소요시간 2분 40초
⑤ 물건 A, B를 들고 옮긴다.−소요시간 2분 40초

정답 14분 10초

★★★★★☆ 원래 몇 개지?

122

직관적 통찰	정보의 조직화	공간화/ 시각화	수학적 추상화	귀납적 사고	연역적 사고	일반화 적용	반성적 사고
	◉	○		○			

2명이 사과 하나를 먹었으므로 1명이 $\frac{1}{2}$을 먹었고, 3명이 배 하나를 먹었으므로 1명이 $\frac{1}{3}$을 먹었고, 4명이 수박 하나를 먹었으므로 1명이 $\frac{1}{4}$, 케이크는 $\frac{1}{5}$을 먹은 셈이다. 4가지 음식의 총 수는 77개이고 1명이 $\frac{1}{2}+\frac{1}{3}+\frac{1}{4}+\frac{1}{5}=\frac{77}{60}$씩을 먹었다. 따라서 77개에 $\frac{77}{60}$씩 몇 개가 들었는지 계산하면 사람의 수를 구할 수 있다. $77÷\frac{77}{60}=60$이므로 우리반은 60명이다. 따라서 사과는 60÷2=30개, 배는 60÷3=20개, 수박은 60÷4=15개, 케이크는 60÷5=12개이다.

정답 우리 반: 60명, 사과: 30개, 배: 20개, 수박: 15개, 케이크: 12개

풀이

123 ★★★★★☆ 사탕의 원래 양은?

직관적 통찰	정보의 조직화	공간화/ 시각화	수학적 추상화	귀납적 사고	연역적 사고	일반화 적용	반성적 사고
		◉	○				○

그림으로 나타내면, 첫째날 : ▭▭▭▭▭▭▇

둘째날 : ▭▭▭▭▭▇

⋮

여섯째날 : ▭▇

따라서, 네모 한 칸(☐)이 사탕의 개수가 12개가 된다. 그러므로 처음 사탕의 개수는 $12 \times 7 = 84$(개)

정답 84개

124 ★★★★★☆ 터널 통과 시간

직관적 통찰	정보의 조직화	공간화/ 시각화	수학적 추상화	귀납적 사고	연역적 사고	일반화 적용	반성적 사고
	○	◉					○

열차의 길이는 $\frac{1}{5}$ km$=\frac{1}{5}\times 1000$ m$=200$ m이고, 열차가 통과해야 하는 총 길이는 터널의 길이+열차의 길이$=800$ m이다. 그리고 열차의 속력은 300 km/h$=300000$ m/60 min이다. 즉, 1분에 5000m를 통과한다. 따라서 5000 m : 1 min$=800$ m : ☐이고, 이 식으로 몇 분이 소요되는지 구할 수 있다.

정답 0.16분 또는 9.6초

125 ★★★★☆

기차가 만날 때

직관적 통찰	정보의 조직화	공간화/시각화	수학적 추상화	귀납적 사고	연역적 사고	일반화 적용	반성적 사고
	○	◉					○

출발 후 두 대의 기차가 만날 때까지 소요되는 시간을 ☐라 하자. 두 대의 기차가 만날 때까지 '서울에서 출발한 기차가 달린 거리'+'부산에서 출발한 기차가 달린 거리'=540 km가 된다.

따라서 120 km × ☐ + 96 km × ☐ = 540 km다. 따라서 2시간 30분 후에 만나게 된다.

정답 2.5시간 후

126 ★★★★★

우리나라 수학자 2

직관적 통찰	정보의 조직화	공간화/시각화	수학적 추상화	귀납적 사고	연역적 사고	일반화 적용	반성적 사고
◉			○				○

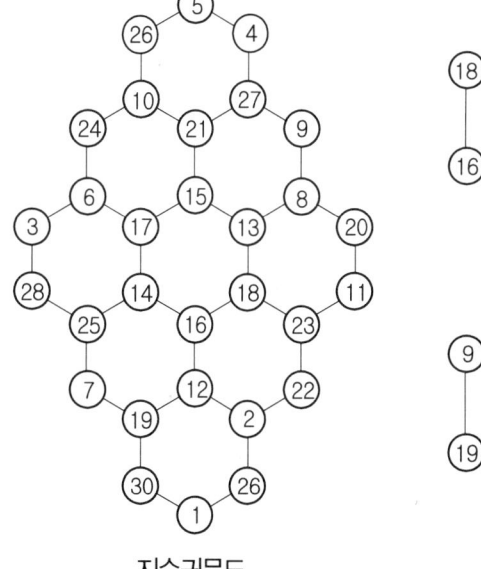

지수귀문도   지수용육도

풀이

★★★★☆
127

나이 맞히기

직관적 통찰	정보의 조직화	공간화/시각화	수학적 추상화	귀납적 사고	연역적 사고	일반화 적용	반성적 사고
	◉			○			○

교실에 들어 온 3명의 나이를 x, y, z라고 두면, 첫 번째 조건에 의해 $x \times y \times z = 450$이고 나이는 자연수이므로 450을 소인수분해하면 $2 \times 3 \times 3 \times 5 \times 5$를 얻을 수 있다. 이것을 이용하여 세 사람 나이의 순서쌍을 만들어 보자.

x	2	2	3	3	3	5	5	5
y	9	15	3	6	10	5	6	9
z	25	15	50	25	15	18	15	10
합	36	32	56	34	28	28	26	24

곱과 합만으로 3명의 정확한 나이를 알 수 없었다는 것은 같은 합으로 표현되는 순서쌍이 두 가지 이상이라는 것이다. 합이 같은 경우는 합이 28이 되는 경우이다. 그러면 (3, 10, 15) 혹은 (5, 5, 18)이 되는데 선생님 아들의 나이보다 적은 동생이 1명 있다고 했으므로 세 사람의 나이는 (3, 10, 15)가 된다.

정답 3살/10살/15살

★★★★☆
128

몇 배로 확대될까?

직관적 통찰	정보의 조직화	공간화/시각화	수학적 추상화	귀납적 사고	연역적 사고	일반화 적용	반성적 사고
○		◉					○

정사각형의 면적이 36배로 확대되면 정육면체의 부피도 36배로 확대될까? 원래 정사각형의 변의 길이를 1cm이라고 하면 면적은 1cm²이다. 확대된 후의 면적이 36 cm²이므로 변의 길이는 6 cm이다. 변의 길이가 6 cm인 정육면체의 부피는 6 cm×6 cm×6 cm = 216 cm³이고 확대되기 전의 정육면

체의 부피는 1 cm×1 cm×1 cm = 1 cm³이다. 그러므로 확대한 후 부피는 216배가 된다.

정답 216배

129 ★★★★★☆ 순서를 찾아라

직관적 통찰	정보의 조직화	공간화/ 시각화	수학적 추상화	귀납적 사고	연역적 사고	일반화 적용	반성적 사고
	○	●		○			

카드 ①~⑥까지 수의 합은 21이다.

③에서 ④에서 ③까지 사이의 수의 합이 21이라고 했기 때문에 ④와 ③은 가장 가장자리가 된다.

①에서 ④에서 ②까지 사이의 수의 합이 13이라고 했기 때문에 13에서 4와 2를 빼면 7이 남는다. 7은 1과 6, 또는 6과 1의 합으로 ④에서 ② 사이에 있을 것이다.

②에서 ⑥에서 ⑤까지 사이의 수의 합이 14이므로 14에서 6과 5를 빼면 3이 되고 3은 1과 2, 2와 1의 합으로 ⑥에서 ⑤ 사이에 있을 것이다.

따라서 ④가 앞에 있을 때는 ④⑥①②⑤③, ③이 앞에 있을 때는 ③⑤②①⑥④가 된다.

정답 ④⑥①②⑤③ 또는 ③⑤②①⑥④

130 ★★★★★☆ 몇 개씩 가지고 있을까?

직관적 통찰	정보의 조직화	공간화/ 시각화	수학적 추상화	귀납적 사고	연역적 사고	일반화 적용	반성적 사고
●			○				○

먼저 준현이가 성훈이에게 구슬 10개를 주면 두 사람의 구슬 수는 같게 된다는 것으로부터 두 사람의 구슬 수의 차이가 20개임을 알 수 있다. 즉 준

풀이

현이가 성훈이보다 구슬이 원래 20개 더 많았다는 것을 알 수 있다. 그런데 성훈이가 준현이에게 10개를 주면 준현이는 40개(20+10+10)가 더 많게 된다. 문제의 뜻에 의하면 이것은 성훈이가 준현이에게 구슬을 10개를 준 후 남은 구슬의 5배이므로 성훈이의 구슬 수는 40÷5=8개이다. 만일 건네준 구슬 10개를 다시 가지고 온다면 성훈이가 원래 가지고 있던 구슬 수는 8+10=18개가 된다.

정답 성훈: 18개, 준현: 38개

131 ★★★★☆ 사탕을 나누다

직관적 통찰	정보의 조직화	공간화/시각화	수학적 추상화	귀납적 사고	연역적 사고	일반화 적용	반성적 사고
○	●		○				

창수가 가진 사탕의 양을 '단위 1'로 정하는 것이 비교적 간단하다. 창수의 사탕을 1이라고 할 때 중원이는 $\frac{1}{2}$, 동휘는 2를 가지게 된다. 3명의 사탕 총 수는 $1+\frac{1}{2}+2=3\frac{1}{2}$이다. 14개의 사탕을 $3\frac{1}{2}$으로 나누면 창수가 가진 사탕 수는 다음과 같이 4개다.

$$14 \div 3\frac{1}{2} = 14 \div \frac{7}{2} = 14 \times \frac{2}{7} = 4 \,(개)$$

그러므로 창수, 중원, 동휘는 사탕을 각각 4개, 2개 $\left(4 \times \frac{1}{2}\right)$, 8마리 (4×2)개 가지고 있다.

정답 창수: 4개, 중원: 2개, 동휘: 8개

132 ★★★★☆☆

전봇대 사이의 거리는?

직관적 통찰	정보의 조직화	공간화/시각화	수학적 추상화	귀납적 사고	연역적 사고	일반화 적용	반성적 사고
○	○		◉				

이 문제는 비록 간단한 평균을 구하는 문제이지만, 평균 분배할 대상인 전봇대 사이의 거리가 몇 개인가를 정확히 알지 못하면 틀리기 쉽다.

8개 전봇대의 총 너비는 0.5×8=4 (m)

전봇대 사이의 간격의 총길이는 452−4=448 (m)

8개의 전봇대 사이에는 실제 간격이 7개 있다(주의 : 8개가 아님). 그러므로 전봇대 사이의 간격은 448÷7=64(m)

정답 64m

133 ★★★★☆☆

연속된 수

직관적 통찰	정보의 조직화	공간화/시각화	수학적 추상화	귀납적 사고	연역적 사고	일반화 적용	반성적 사고
	◉		○				○

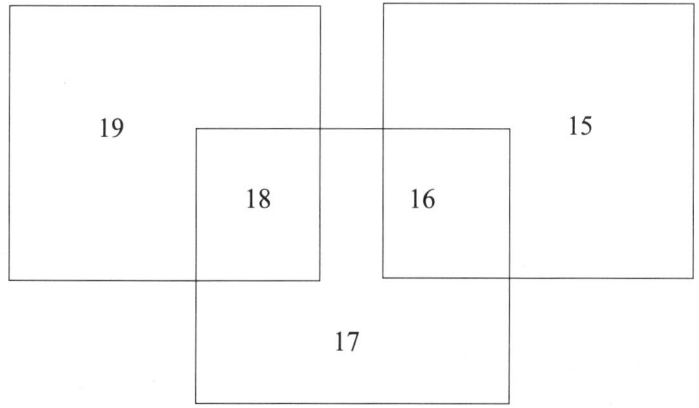

연속적인 숫자이므로 ㉮, ㉯ 안의 숫자는 19, 18 또는 18, 19이다. ㉰, ㉱

풀이

안의 숫자는 합이 31이므로 왼쪽에서부터 차례로 19, 18, 17, 16, 15이다.

정답 ㉮: 19, ㉯: 18, ㉰: 17, ㉱: 16, ㉲: 15, ㉮+㉯+㉰+㉱+㉲=85

134 ★★★★☆ 도대체 모두 몇 명이지?

직관적 통찰	정보의 조직화	공간화/시각화	수학적 추상화	귀납적 사고	연역적 사고	일반화 적용	반성적 사고
	○		○				●

남는다는 것과 모자란다는 것은 상대적인 개념이다. '얼마 남는가' 하는 것은 거꾸로 '얼마 모자라는가'라는 문제로 바꿀 수 있다. 예를 들면 5명씩 모으면 4명이 남는다는 것을 5명씩 세면 1명이 모자란다는 뜻으로, 6명씩 모으면 5명이 남는다는 것을 6명씩 모으면 1명이 모자란다는 것으로, 7명씩 모으면 6명이 남는다는 것을 7명씩 모으면 1명이 모자란다는 것으로 볼 수 있다. 따라서 만일 사람 수를 1명씩 증가하면 5명씩, 6명씩, 7명씩 조가 맞아 떨어지게 된다는 것을 알 수 있다. 그러므로 사람 수가 1명 증가되었다고 가정한 다음 5, 6, 7의 최소공배수를 구하면 곧 답안을 얻을 수 있다. 5, 6, 7의 최소공배수가 210이므로 210에서 증가되었다고 가정한 1명을 빼면 원래 사람 수가 적어도 210-1=209 (명)이라는 것을 알 수 있다.

정답 209명

135 ★★★★☆ 악어와 악어새

직관적 통찰	정보의 조직화	공간화/시각화	수학적 추상화	귀납적 사고	연역적 사고	일반화 적용	반성적 사고
●		○					○

악어와 악어새 머리의 합이 50이므로 악어와 악어새가 모두 50마리 있다는 것을 알 수 있다.

만일 악어에게도 발이 두 개만 있다고 가정하면 50마리의 악어와 악어새에게 발이 모두 2×50=100개 밖에 없게 된다. 그런데 문제에서는 발이 모두 126개 있다고 하였으므로 발이 126-100=26개 남게 된다. 이 26개의 발은 악어의 것으로 악어의 발이 2개 있다고 가정한 것이 악어의 실제 발의 개수(4개)와 맞지 않아 생긴 오차이다.

악어 한 마리에게 발이 두 개씩 많아진다면 악어가 몇 마리이면 발이 26개 많아질까? 악어는 26÷2=13 (마리)이고, 악어새는 50-13=37 (마리)이다.

정답 악어: 13마리, 악어새: 37마리

★★★★★☆
136

참석한 인원은?

직관적 통찰	정보의 조직화	공간화/ 시각화	수학적 추상화	귀납적 사고	연역적 사고	일반화 적용	반성적 사고
	○		○				◉

만일 어른도 2명이 1인분을 나누어 먹었다고 하면 어른 1명이 $\frac{1}{2}$인분을 먹은 것으로 되는데 이것은 어린이가 $\frac{1}{2}$인분씩 먹은 것과 같게 된다. 이렇게 되면 52명의 사람이 모두 $\frac{1}{2} \times 52 = \frac{52}{2}$인분의 삼겹살을 먹은 것이 된다. 그런데 실제 50인분을 먹은 상황과 가정한 것을 비교해보면 어른은 모두 $50 - \frac{52}{2} = 24$인분을 더 먹었다. 실제 어른 1명은 어린이 1명보다 삼겹살을 $2 - \frac{1}{2} = 1\frac{1}{2}$인분 더 먹었다. 그러면 몇 명의 어른이 삼겹살을 24인분 더 먹었을까?

$$24 \div 1\frac{1}{2} = \frac{48}{2} \div \frac{3}{2} = \frac{48}{2} \times \frac{2}{3} = 16 \text{ (명)}$$

그러므로 어린이는 52-16=36명 있다.

정답 어른: 16명, 어린이: 36명

풀이

★★★★★☆ 137

송편의 개수는?

직관적 통찰	정보의 조직화	공간화/ 시각화	수학적 추상화	귀납적 사고	연역적 사고	일반화 적용	반성적 사고
	○		○				◉

문제에서 한 접시에 13개씩 담으면 한 접시가 적어진다고 하였다. 만일 11개씩 담아도 한 접시가 적게 된다고 하면 두 가지 방법으로 나눈 접시 수가 같게 된다. 그러나 '한 접시에 11개씩 담으면 3개 모자란다.'를 '한 접시에 11개씩 나누면 8개 남는다.'로 고쳐야 문제의 뜻이 바뀌지 않는다. 이렇게 되면 두 가지 방법으로 나눈 접시 수는 같게 되지만 그것들 사이에 송편의 개수가 $8+0=8$ (개) 차이가 난다. 각각의 접시에 나누어 놓은 송편 수의 차이는 $13-11=2$개이다. 그렇다면 몇 접시로 나누어 놓아야 두 가지 나누는 방법에서 총 송편 수가 8개 차이가 날까?

$8 \div 2 = 4$ (접시)

그러므로 송편의 개수는 1개씩 담을 때 $11 \times 4 + 8 = 52$ (개) 또는 13개씩 담을 때 $13 \times 4 = 52$ (개)가 된다.

정답 52개

★★★★★☆ 138

누가 많이 칠했을까요?

직관적 통찰	정보의 조직화	공간화/ 시각화	수학적 추상화	귀납적 사고	연역적 사고	일반화 적용	반성적 사고
	○	○	◉				

울타리의 길이를 '□'m라고 하면, 영준이는 □$-3+6=$□$+3$만큼 칠했고 민수는 $3+$□$-6=$□-3만큼 칠했다.
따라서 울타리 길이와는 상관없이 영준이가 민수보다 6 m 더 칠했다.

정답 영준이가 민수보다 6 m 더 칠했다.

★★★★★ 139 시장 투표

직관적 통찰	정보의 조직화	공간화/ 시각화	수학적 추상화	귀납적 사고	연역적 사고	일반화 적용	반성적 사고
◉			○				○

총 투표수와 경쟁자들보다 많이 받은 표를 모두 더한 것은 46298+2648+5216+7141+10692=71995이다.

71995를 5로 나누면 14399이고, 14399는 당선자가 받은 표의 수이다. 따라서 2위는 14399-2648=11751, 3위는 14399-5216=9183, 4위는 14399-7141=7258, 5위는 14399-10692=3707이다.

정답 당선자: 14399, 2위: 11751, 3위: 9183, 4위: 7258, 5위: 3707

★★★★★ 140 국화를 정리하려면

직관적 통찰	정보의 조직화	공간화/ 시각화	수학적 추상화	귀납적 사고	연역적 사고	일반화 적용	반성적 사고
	○		○				◉

2, 3, 4, 5, 6의 최소공배수인 60의 배수에 1을 더한 수 중에서 7의 배수가 되는 수는 500 미만의 수 중에는 301이 있다.

$\frac{301}{2}=150$줄 …1, $\frac{301}{3}=100$줄 …1, $\frac{301}{4}=75$줄 …1,

$\frac{301}{5}=60$줄 …1, $\frac{301}{6}=50$줄 …1

정답 301

풀이

141 ★★★★★☆ 결혼식에 초대된 인원은?

직관적 통찰	정보의 조직화	공간화/ 시각화	수학적 추상화	귀납적 사고	연역적 사고	일반화 적용	반성적 사고
	○		○				●

3명씩 앉도록 하면 2자리가 부족하다는 것을 1자리가 남는다로 바꿀 수 있다. 따라서 3, 5, 7, 9의 최소공배수에서 1명을 더한 수 중에 손님의 수가 있다. 그런데 이 수는 2000<□2600이면서 11의 배수이다. 즉, 105의 배수에 1을 더한 수 중에서 11의 배수가 되는 수는 2200과 2600 사이에 2519가 있다.

정답 2519명

142 ★★★★★☆ 조건에 맞는 여성을 찾아라

직관적 통찰	정보의 조직화	공간화/ 시각화	수학적 추상화	귀납적 사고	연역적 사고	일반화 적용	반성적 사고
	○		○				●

모든 조건에 해당하는 여성을 모두 더하면, 85 + 75 + 60 + 90 = 310이다. 100명의 여성들은 각각 최소 3가지 조건을 만족한다고 하면(300), 10명의 여성(310−300)이 최소 4가지의 조건을 만족하는 여성의 수이다.

정답 10명

143 ★★★★★☆ 게임 득점은?

직관적 통찰	정보의 조직화	공간화/ 시각화	수학적 추상화	귀납적 사고	연역적 사고	일반화 적용	반성적 사고
	○		○				●

첫 번째 게임에서 420점(3×4×5×7) 득점을 했고, 두 번째 게임에서 389점 (420을 각 3, 4, 5, 7로 나눈 수들의 합: 140+105+84+60)을 득점했다.

정답 첫 번째 게임: 420점, 두 번째 게임: 389점

144 ★★★★★★ 백화점 할인의 비밀

직관적 통찰	정보의 조직화	공간화/ 시각화	수학적 추상화	귀납적 사고	연역적 사고	일반화 적용	반성적 사고
	○		○				◉

20% 할인한 가격은 $80{,}000 \times 0.8 = 64{,}000$이고, 다시 20% 할인하므로 $64{,}000 \times 0.8 = 51{,}200$이다. 따라서 80,000원 옷을 51,200원에 판매한 것이므로 실제로는 36% 할인한 것으로 볼 수 있다.

정답 36% 할인

145 ★★★★★☆ 당선 투표수

직관적 통찰	정보의 조직화	공간화/ 시각화	수학적 추상화	귀납적 사고	연역적 사고	일반화 적용	반성적 사고
◉		○					

당선자가 받은 투표수를 □라 하고, 각각의 후보가 받은 투표수를 △, ○, ◇라 하자. 그럼 △=□-53, ○=□-69, ◇=□-105이다.
전체 투표수는 □+△+○+◇=□+(□-53)+(□-69)+(□-105)=913이다. 따라서 □×4-227=913이고, □=285이다.

정답 285표

146 ★★★★★★ 저축한 금액

직관적 통찰	정보의 조직화	공간화/ 시각화	수학적 추상화	귀납적 사고	연역적 사고	일반화 적용	반성적 사고
	○		○				◉

2년 후에 저축된 금액은 원금×1.2이다. 그리고 4년 후에 저축된 금액은 원금×1.2×1.2원이다. 이렇게 계산을 하면 10년 후에는 저축된 금액이 74,649.6원이다.

정답 74,649.6원

풀이

147 ★★★★☆

바퀴의 회전

직관적 통찰	정보의 조직화	공간화/ 시각화	수학적 추상화	귀납적 사고	연역적 사고	일반화 적용	반성적 사고
●			○				○

㉮, ㉯, ㉰, ㉱ 톱니바퀴가 모두 원래의 위치가 되려면 18, 9, 5, 3의 최소공배수만큼 톱니가 회전하면 된다. 따라서 최소공배수는 90이고, ㉯의 회전수는 90÷9=10이다.

정답 10바퀴

148 ★★★★☆☆

사탕의 수

직관적 통찰	정보의 조직화	공간화/ 시각화	수학적 추상화	귀납적 사고	연역적 사고	일반화 적용	반성적 사고
○	○		●				

①+②+②+③+③+④+④+⑤=34+41+46+52이고, 5봉지 안에는 모두 100개가 있어서 ①+②+③+④+⑤=100이므로 ②+③+④=73이 된다. 봉지 ④에 있는 사탕 수는 ④=73-②-③=73-41=32이고, 봉지 ⑤의 사탕 수는 ⑤=20이다. ①+⑤=27, ①=7, ②=27, ③=14가 된다.

정답 봉지 ①: 7개, 봉지 ②: 27개, 봉지 ③: 14개, 봉지 ④: 32개, 봉지 ⑤: 20개

149 ★★★★★☆

철훈과 동규의 나이

직관적 통찰	정보의 조직화	공간화/ 시각화	수학적 추상화	귀납적 사고	연역적 사고	일반화 적용	반성적 사고
○	○						●

정답 철훈: 27세, 동규: 9세

150 ★★★★☆ 맥주는 몇 L일까요?

직관적 통찰	정보의 조직화	공간화/ 시각화	수학적 추상화	귀납적 사고	연역적 사고	일반화 적용	반성적 사고
○			○				◉

첫 번째 손님은 30 L 통과 37 L 통의 와인을 사갔다. 따라서 두 번째 손님은 134 L, 즉 32 L, 50 L, 52 L 통을 사갔다. 그렇다면 남는 42 L의 통이 맥주다.

정답 42 L 통

151 ★★★★☆ 디오판토스의 묘비

직관적 통찰	정보의 조직화	공간화/ 시각화	수학적 추상화	귀납적 사고	연역적 사고	일반화 적용	반성적 사고
○			○				◉

디오판토스가 살았던 인생을 L이라고 하자. 우리는 그의 묘비에 적힌 서술에 따라 그의 인생 역정을 다음과 같이 세분할 수 있다.

인생의 $\frac{L}{6}$동안 소년이었다. $\frac{L}{12}$동안은 청년이었으며, 그 후 $\frac{L}{7}$을 더 보낸 뒤에 결혼하였다. 결혼 후 5년 만에 아들을 낳았으나, 아들은 아버지의 $\frac{L}{2}$밖에 살지 못했다. 아들을 먼저 보낸 후 슬픔 속에서 4년을 더 살다가 그의 생을 마감했다.

디오판토스의 나이는 위의 기간들을 모두 더한 것이므로

$$L = \frac{L}{6} + \frac{L}{12} + \frac{L}{7} + 5 + \frac{L}{2} + 4$$

라는 방정식을 얻게 된다. 이 식을 계산하면, $L = \frac{25L}{28} + 9$이 되고 정리하여 L을 구하면, $\frac{3L}{28} = 9$이고, $L = 84$를 얻는다.

따라서 디오판토스가 죽었을 때, 그의 나이는 84세였다.

정답 84세

풀이

★★★★★☆
152

한 번에 그리자

직관적 통찰	정보의 조직화	공간화/시각화	수학적 추상화	귀납적 사고	연역적 사고	일반화 적용	반성적 사고
◉		○					○

이것은 수학자 오일러가 발견했다고 해서 '오일러의 정리'라고 한다.

모든 점에 짝수 개의 선분이 연결되어 있을 때 : 어느 점에서 출발해도 한붓그리기 가능

홀수 개의 선분이 연결된 점이 2개 있고 나머지 점에는 짝수 개가 연결될 때 : 홀수 개의 점에서 출발해서 다른 홀수 개의 점으로 끝나면 한붓그리기 가능

나머지 : 한붓그리기 불가능

따라서 조건에 맞추어 보면 두 번째 별 모양은 모든 점에 짝수 개의 선분이 연결되어 있으므로 한붓그리기가 가능하다.

정답 두 번째 별 모양

★★★★★☆
153

한붓그리기의 비밀

직관적 통찰	정보의 조직화	공간화/시각화	수학적 추상화	귀납적 사고	연역적 사고	일반화 적용	반성적 사고
◉		○					

A, D는 한 번에 그릴 수 있는데 어느 한 점에서나 시작할 수 있다.

B, E는 한 번에 그릴 수 있지만 반드시 두 홀수 점 가운데의 한 점으로부터 시작해야 한다.

C, F는 한 번에 그릴 수 없다.

★★★☆☆☆
154

어떻게 연결할까? 1

직관적 통찰	정보의 조직화	공간화/시각화	수학적 추상화	귀납적 사고	연역적 사고	일반화 적용	반성적 사고
◉		○					○

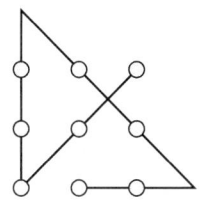

★★★☆☆☆
155

어떻게 연결할까? 2

직관적 통찰	정보의 조직화	공간화/시각화	수학적 추상화	귀납적 사고	연역적 사고	일반화 적용	반성적 사고
◉							○

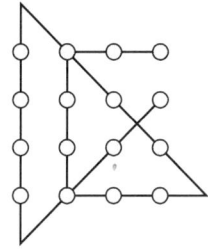

★★★★☆☆
156

하노이의 탑 1

직관적 통찰	정보의 조직화	공간화/시각화	수학적 추상화	귀납적 사고	연역적 사고	일반화 적용	반성적 사고
◉		○					○

원판이 한 개인 경우, 한 번만 이동하면 된다.

원판이 두 개인 경우, 위의 원판 한 개를 옮기고 맨 아래 원판을 옮긴 후

풀이

다시 위에 있던 원판을 옮기면 1+1+1=3, 3번의 이동을 하게 된다.

원판이 세 개인 경우, 위의 원판 두 개를 옮기고 맨 아래 원판을 옮긴 후 다시 위에 있던 원판 두 개를 옮기면 3+1+3=7, 7번의 이동을 하게 된다.

마찬가지로 원판이 네 개일 경우에는, 원판 세 개를 먼저 이동하고 맨 아래 원판을 빈 막대에 옮긴 후 다시 세 개의 원판을 제자리로 옮기면 된다. 7+1+7=15, 15번의 이동을 하게 된다.

그러면 원판이 다섯 개의 경우에는 15+1+15=31의 이동이 필요하다. n개의 원판이 이동할 때 필요한 최소 이동횟수를 A_n이라 하면 $A_{n+1}=A_n+1+A_n=2A_n+1$이라는 식을 얻어낼 수 있다. 또한 1, 3, 7, 15, 31 등으로 진행되는 수의 배열을 자세히 관찰하면 모두 원판의 개수만큼 2를 거듭제곱한 수에서 1씩 모자란다는 사실도 알게 된다. 그리하여 결국 64개의 원판을 옮기는 데에는 2를 64번 곱한 다음 1을 뺀 수($=2^{64}-1$), 즉

$2^{64}-1=18446744073709551615$(초)

$\qquad =$약 583334858456(년)$=$약 5833(억 년)

이다. 만약 승려들이 원판을 하나 옮기는데 1초가 걸리고 승려들은 교대로 쉬지 않고 하루 24시간, 1년 365일 내내 실수 없이 일을 한다고 가정해도 약 5800년이 걸리므로 절대 종말은 오지 않는다.

정답 15번

★★★★☆☆	바둑돌 이동하기 1							
157	직관적 통찰	정보의 조직화	공간화/ 시각화	수학적 추상화	귀납적 사고	연역적 사고	일반화 적용	반성적 사고
	◉		○					○

다음 그림과 같이 하면 된다. 여기서는 4개씩이지만, 3개 이상의 같은 수로 하면 몇 개씩이라도 이것과 같은 방법으로 된다.

4개씩일 때는 4번의 조작, 5개씩일 때는 5번의 조작, 이런 식으로 돌의 수와 같은 횟수의 조작으로 항상 바꿔 나열하는 것이 가능하다.

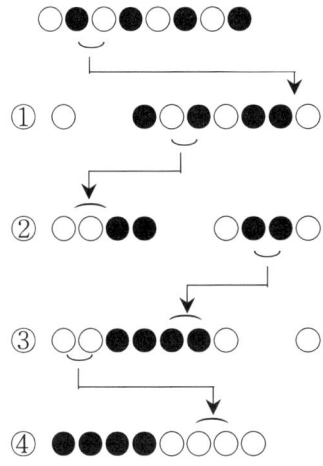

★★★★★☆	자리 바꾸기							
158	직관적 통찰	정보의 조직화	공간화/ 시각화	수학적 추상화	귀납적 사고	연역적 사고	일반화 적용	반성적 사고
	◉		○				○	

① 검은색 앞으로, ② 흰색 건너뛰기, ③ 흰색 앞으로, ④ 검은색 건너뛰기, ⑤ 검은색 건너뛰기, ⑥ 검은색 앞으로, ⑦ 흰색 건너뛰기, ⑧ 흰색 건너뛰기, ⑨ 흰색 건너뛰기, ⑩ 검은색 앞으로, ⑪ 검은색 건너뛰기, ⑫ 검

풀이

은색 건너뛰기 ⑬ 흰색 앞으로, ⑭ 흰색 건너뛰기, ⑮ 검은색 앞으로 이상 15번으로 자리를 바꿀 수 있다.

①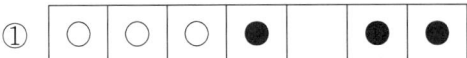
②
③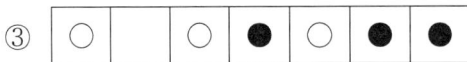
④
⑤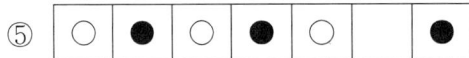
⑥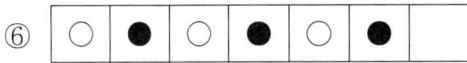
⑦
⑧
⑨
⑩
⑪

⑫ ● ● ○ ● ○ □ ○

⑬ ● ● ○ ● □ ○ ○

⑭ ● ● □ ● ○ ○ ○

⑮ ● ● ● □ ○ ○ ○

159 ★★★★★★ 15퍼즐

직관적 통찰	정보의 조직화	공간화/ 시각화	수학적 추상화	귀납적 사고	연역적 사고	일반화 적용	반성적 사고
◉		○					○

이 퍼즐은 15개의 번호 판을 밀면서 자리를 바꾸어 나열하는 것인데, 처음 나열할 때 가능한 나열과 불가능한 나열 2가지가 있다.

로이드가 조사한 것을 정리하면, 예를 들어 1, 2, 3, …, 13, 15, 14와 같이 1곳만 자리가 바뀐 것은 불가능한 것이다.

올바른 순서에서 판을 홀수 횟수만큼만 교환한 나열은 되지 않고, 짝수 횟수만큼 교환한 나열은 바른 순서가 되게 할 수 있다고 한다.

정답 할 수 없다.

160 ★★★★★☆ 하노이의 탑 2

직관적 통찰	정보의 조직화	공간화/ 시각화	수학적 추상화	귀납적 사고	연역적 사고	일반화 적용	반성적 사고
◉		○					

$2^8 - 1 = 256 - 1 = 255$

156번 풀이 참조.

정답 255

풀이

161 ★★★★☆☆ 바둑돌 이동하기 2

직관적 통찰	정보의 조직화	공간화/시각화	수학적 추상화	귀납적 사고	연역적 사고	일반화 적용	반성적 사고
●		○					○

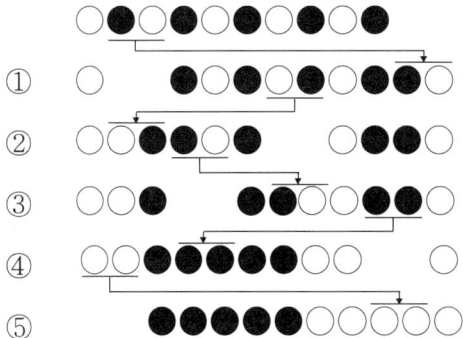

162 ★★★★★☆ 강 건너기

직관적 통찰	정보의 조직화	공간화/시각화	수학적 추상화	귀납적 사고	연역적 사고	일반화 적용	반성적 사고
	○		●	○			

두 가지 방법이 있다. 첫 번째 방법은

① 먼저 염소를 데리고 건넌다.
② 사람 혼자 돌아와서 이리를 데리고 건넌다.
③ 이리를 건너편에 놔두고 염소를 데리고 원래 있던 곳으로 건너온다.
④ 염소를 남기고 양배추를 가지고 건넌다.
⑤ 마지막에 사람 혼자 돌아와 염소를 데리고 건넌다.

두 번째 방법은

① 염소를 데리고 강을 건넌다.
② 사람 혼자 돌아와서 이번에는 양배추를 옮긴다.

③ 그리고 다시 염소와 함께 돌아와 염소를 남기고 이리를 데리고 건넌다.
④ 마지막에 혼자 돌아와 염소를 태우고 건넌다.

★★★★★☆
163

원넓이 공식을 유도하라

직관적 통찰	정보의 조직화	공간화/ 시각화	수학적 추상화	귀납적 사고	연역적 사고	일반화 적용	반성적 사고
●		○				○	

원을 펼쳐 삼각형으로 바꾸어 보자.

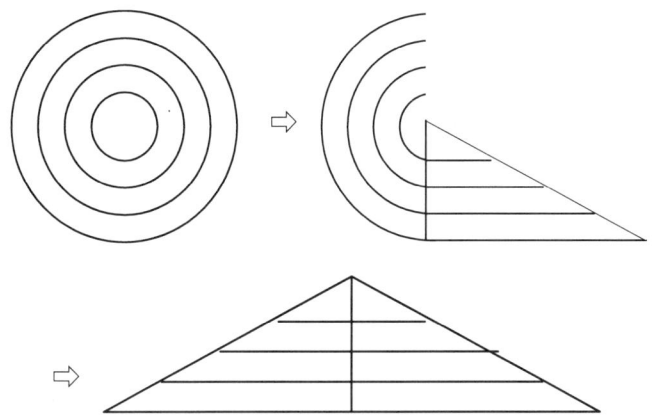

따라서 만들어진 삼각형의 밑변의 길이는 원주가 되며, 높이는 반지름이 된다. 따라서 삼각형의 넓이는 '지름 × 3.14 × 반지름 ÷ 2'이므로 '반지름 × 반지름 × 3.14'가 된다.
즉, 원의 넓이는 '반지름 × 반지름 × 3.14'가 되는 것이다.
원기둥의 부피도 마찬가지로 위와 같이 생각했을 때 삼각기둥이 된다.

풀이

164 ★★★★★☆ 평면도형의 넓이

직관적 통찰	정보의 조직화	공간화/시각화	수학적 추상화	귀납적 사고	연역적 사고	일반화 적용	반성적 사고
		○			●	○	

밑변의 길이와 높이가 변하지 않는 범위에서 한 점을 이동하여도 그 넓이는 변하지 않는다.

---

165 ★★★★★★ 비뚤어진 사각기둥과 사각뿔

직관적 통찰	정보의 조직화	공간화/시각화	수학적 추상화	귀납적 사고	연역적 사고	일반화 적용	반성적 사고
		○			●	○	

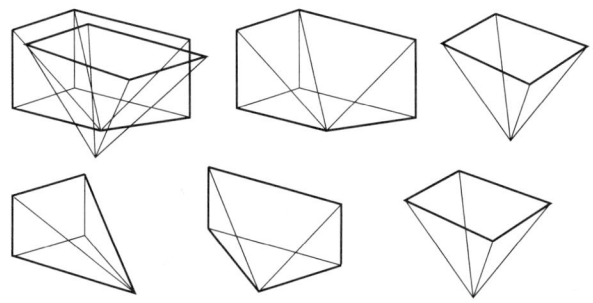

정육면체의 부피 : 사각뿔의 부피
    =   3 : 1

밑변의 넓이와 높이가 같으면 부피는 같다. 따라서
각기둥 ①과 ②의 부피는 같다.
각뿔 ③과 ④의 부피는 같다.

정답 3 : 1, 같다

166 ★★★★☆

4차원의 세계

직관적 통찰	정보의 조직화	공간화/ 시각화	수학적 추상화	귀납적 사고	연역적 사고	일반화 적용	반성적 사고
		○			◉	○	

1차원은 점을 의미한다. 직선상의 모든 점은 거리가 존재한다. 직선상에 임의 점을 A, B, C로 놓아 보자. 그러면 반드시 가장 먼 두 점이 존재할 것이다. 2차원(평면)이나 3차원(공간)에서는 선을 구부릴 수 있으므로 가장 먼 두 점을 붙일 수 있을 것이다. 이것이 의미하는 것은 1차원에서 먼 두 점이 다음 차원에서 공존할 수도 있음을 의미한다.

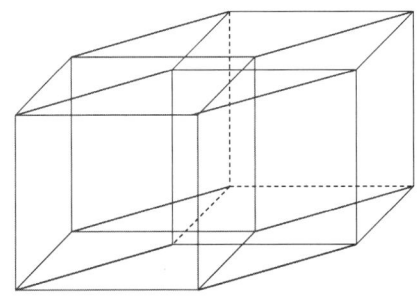

167 ★★★★★★

전 세계 사람이 한 자리에?

직관적 통찰	정보의 조직화	공간화/ 시각화	수학적 추상화	귀납적 사고	연역적 사고	일반화 적용	반성적 사고
○				◉		○	

가로세로 1 m에 한 사람이 들어간다고 쳐도 10만의 제곱이 100억이니까, 가로세로 10만 미터의 땅에 세워놔도 60억 명이 충분히 설 수 있다. $1\ m^2$에 4명씩 선다고 했을 때 60억 명이면 15억 제곱미터가 있으면 된다. 즉, 넉넉히 잡아도 가로 $40\ km \times 40\ km = 1600\ km^2$ 안에 전 세계 인구가 다 들어갈 수 있다. 빙하가 많이 녹아도 사람이 살 곳은 충분히 있다.

정답 $1600\ km^2$의 땅만 있으면 가능하다.

풀이

168 ★★★★★ 천국과 지옥에 자리가 있을까요?

직관적 통찰	정보의 조직화	공간화/ 시각화	수학적 추상화	귀납적 사고	연역적 사고	일반화 적용	반성적 사고
●		○					○

5만년 동안 지구의 인구를 평균 30억 명으로 잡고 인간의 수명이 50년을 넘기지는 못하며 지구만한 크기의 천국과 지옥이 있다고 가정하자. 지구만한 크기의 천국과 지옥이 있다는 가정도 있어야겠다. 50년이 지난 다음부터 인간이 죽어서 절반이 천국과 지옥을 간다고 생각했을 때, 지구의 겉넓이인 1억 5천만 km^2에 인간이 눕는다면 한 사람이 눕는 넓이를 $1\,m^2$로 생각할 수 있다. 따라서 $1\,km^2$에 눕는다면 사람이 1백만 명이 누울 수 있다. 그렇다면 1억 5천만 km^2에는 15조 명이 누울 수 있게 된다. 절반이 지옥과 천국으로 나눠서 간다면 약 30조 명이 있을 때 가득 찬다는 결론이 나온다. 그렇다면 50년마다 세대가 바뀐다고 가정했을 때 1000번의 세대 교체가 있었음을 알 수 있다. 따라서 30억 명×1000번이므로 현재까지 3조 명이 죽어서 묻혔다고 할 수 있다. 50년×10000번=500000년이 지나 30조 명이 죽어서 묻혔을 때부터는 천국이든 지옥이든 자리가 없게 될 것이다. 따라서 아직 천국에 자리가 많으므로 착하게 살아야 한다.

169 ★★★★☆☆ 순서대로 맞추자

직관적 통찰	정보의 조직화	공간화/ 시각화	수학적 추상화	귀납적 사고	연역적 사고	일반화 적용	반성적 사고
		●		○			○

정답 기훈 – 준현 – 연준 – 예은 – 혜숙(위에서부터)

170 ★★★★☆☆

과일 배열하기

직관적 통찰	정보의 조직화	공간화/ 시각화	수학적 추상화	귀납적 사고	연역적 사고	일반화 적용	반성적 사고
		●		○			○

사과를 A, 배를 B, 감을 C라고 생각한다면

① ABC ② ACB
③ CBA ④ CAB
⑤ BCA ⑥ BAC

순서대로 마지막에 BAC(배, 사과, 감)의 순서가 빠졌다는 것을 알 수 있다.

정답 배, 사과, 감

171 ★★★☆☆☆

지금 몇 시지?

직관적 통찰	정보의 조직화	공간화/ 시각화	수학적 추상화	귀납적 사고	연역적 사고	일반화 적용	반성적 사고
○		●		○			

거울 속의 영상은 실제 물체와 상반된다. 거울 속의 15 : 02를 반대편에서 보면 50 : 21로 된다. 다시 말하면 시계의 실제 시간은 50 : 21이여야 한다. 그러나 생활 상식에 의하면 시간이 맞게 가는 시계에는 50 : 21이란 시간이 나타날 수 없다. 따라서 전자시계가 거꾸로 놓여져 있을 가능성밖에 없다. 50 : 21을 돌려놓고 보면 올바른 시간은 12시 05분이여야 한다.

정답 12시 05분

풀이

★★★★★

172

다리를 놓자

직관적 통찰	정보의 조직화	공간화/ 시각화	수학적 추상화	귀납적 사고	연역적 사고	일반화 적용	반성적 사고
○		●			○		

문제를 해결하는 관건은 '두 점 사이에서는 직선 거리가 가장 짧다'는 기본 정리를 융통성 있게 응용하는 것이다. 그림에서 표시한 것처럼 우선 점 B의 대칭점 C(강가는 대칭축)를 찾고 AC가 강과 만나는 점을 D라고 한다. 그러면 절선 ADB가 곧 구하려는 제일 짧은 직선이다.

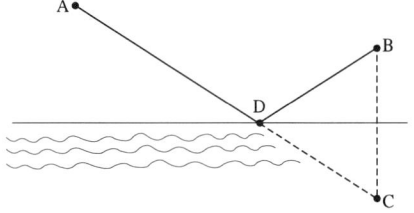

그런데 문제에서는 강 건너에 집이 위치해 있다.
즉, 다음 그림과 같이 최단거리를 갈 수 있도록 다리를 적당한 곳에 놓아야 한다. 그런데 다리를 사선으로 놓는 것은 비효율적이기 때문에 B에 있는 집을 강의 폭만큼 수평이동시킨 후 다리를 놓는 것이 가장 최단거리에 있을 수 있다.

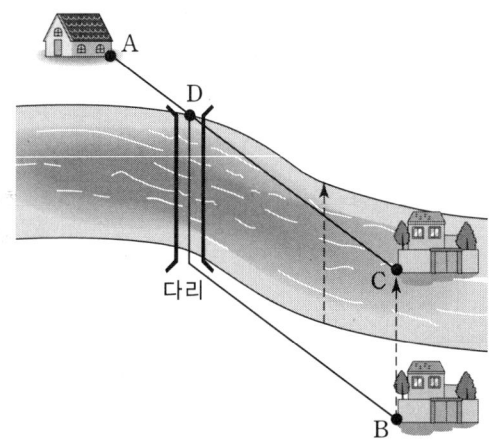

173 ★★★★★☆ 소수를 찾아라

직관적 통찰	정보의 조직화	공간화/시각화	수학적 추상화	귀납적 사고	연역적 사고	일반화 적용	반성적 사고
	○		○				●

2 이외의 2의 배수, 3 이외의 3의 배수, 4 이외의 4의 배수의 순서로 수를 지워나간다. 그러면 체로 친 것처럼 끝에 남는 수가 있다. 이 수가 바로 그 자신과 1 이외의 다른 수로는 나누어떨어지지 않는 소수이고 이렇게 소수를 찾는 방법을 에라토스테네스의 체라고 한다.

정답 2, 3, 5, 7, 11, 13, 17, 19, 23, 29, 31, 37, 41, 43, 47, 53, 59, 61, 67, 71, 73, 79, 83, 89, 97

174 ★★★★★☆ 어느 바구니를 고를까?

직관적 통찰	정보의 조직화	공간화/시각화	수학적 추상화	귀납적 사고	연역적 사고	일반화 적용	반성적 사고
				○		○	●

I의 자리에는 항상 9의 배수가 온다. 1004에 가까운 9의 배수가 999이므로 I는 999, 차례대로 세어보면 E자리가 1004의 자리가 된다. 또다른 방법으로는 1004를 9로 나누면 나머지가 5인데 A부터 차례대로 5칸을 가도 E자리가 1004의 자리가 된다.

정답 E

175 ★★★★☆☆ 위치를 찾아라 1

직관적 통찰	정보의 조직화	공간화/시각화	수학적 추상화	귀납적 사고	연역적 사고	일반화 적용	반성적 사고
		○		○			●

일의 자리 수가 1~5인 수는 오른쪽에서 왼쪽으로,
일의 자리 수가 6~10인 수는 왼쪽에서 오른쪽으로 정렬되어 있다.

풀이

따라서 37의 경우 일의 자리가 7이므로 왼쪽에서 오른쪽으로 정렬되는 형에 있으며 ㉯열에 있음을 알 수 있다.
같은 방법으로 55는 ㉮열, 1302는 ㉱열에 있음을 알 수 있다.

정답 37은 ㉯열, 55는 ㉮열, 1302는 ㉱열

★★★★★ 176 위치를 찾아라 2

직관적 통찰	정보의 조직화	공간화/시각화	수학적 추상화	귀납적 사고	연역적 사고	일반화 적용	반성적 사고
		○		○			●

숫자표를 45도 방향으로 돌린 다음, 각 행의 끝수의 위치를 파악한다.

$$\begin{array}{cccc} & & & 1 \\ & & 3 & 2 \\ & 4 & 5 & 6 \\ 10 & 9 & 8 & 7 \\ \vdots & \vdots & \vdots & \vdots \end{array}$$

예를 들어 끝수는 1, 3, 4, 10, …이 되고 4행의 끝수는 10이 된다. 따라서 532와 가장 가까운 끝수를 먼저 구한다. 즉 532가 n번째 행에 있다고 하면, $1+2+\cdots+(n-1)<532$이며,

$$532 \leq 1+2+\cdots+n, \; 즉 \; \frac{n(n-1)}{2} < 532 \leq \frac{n(n+1)}{2}$$

이다. $n=33$일 때, $\frac{33 \times 32}{2}=528$, $\frac{33 \times 34}{2}=561$으로 n은 반드시 33이 됨을 볼 수 있다. 즉, 532가 위의 숫자표에서의 33행에 위치한다.
또, $532-\frac{1}{2} \times 32 \times 33 = 4$, $33-4+1=30$ 숫자표의 배열 순서에 따라 532가 위의 표의 33행에서 왼쪽에서 4번째, 오른쪽에서 30번째 수가 됨을 알 수 있다. 위의 표를 원래 문제에서의 숫자표로 돌리면, 532은 30행 4열의 자리에 놓인다.

정답 30행 4열

★★★★☆
177

비밀번호

직관적 통찰	정보의 조직화	공간화/ 시각화	수학적 추상화	귀납적 사고	연역적 사고	일반화 적용	반성적 사고
			◉			○	○

29 + 28 + 27 + 26 + 25 + 24 + 23 + 22 + 21 + 20 + 19 + 18 + 17 + 16 + 15 + 14 + 13 + 12 + 11 + 10 + 9 + 8 + 7 + 6 + 5 + 4 + 3 + 2 + 1 = 435

일일이 계산할 수도 있지만 제일 앞과 제일 뒤를 더하면(29 + 1 = 30), 두 번째와 끝에서 두 번째를 더하면(28 + 2 = 30), …, (16 + 14 = 30), 30이 총 14개가 있고 가운데 15가 남으므로, 30 × 14 + 15 = 435와 같이 계산하면 답을 빨리 구할 수 있다.

정답 435번

★★★★☆
178

보이지 않는 상자

직관적 통찰	정보의 조직화	공간화/ 시각화	수학적 추상화	귀납적 사고	연역적 사고	일반화 적용	반성적 사고
			◉			○	○

만일 42개의 구슬을 꺼냈을 때 모두 파란색 또는 빨간색 구슬일 수가 있다 (17 + 25). 완벽하게 노란색 구슬을 2개 꺼내려면 이것보다 2개를 더 꺼내야만 한다(42 + 2 = 44).

정답 44개

★★★★☆
179

토너먼트

직관적 통찰	정보의 조직화	공간화/ 시각화	수학적 추상화	귀납적 사고	연역적 사고	일반화 적용	반성적 사고
			◉			○	○

토너먼트 전에서는 조를 짜서 피라미드 형태로 만들어 시합을 한다. 그러나 토너먼트에서 시합의 수를 줄이는 것이 가능할까? 대진표의 형태에 상

풀이

관없이 46팀이 참가하는 이 대회에서 우승 학교를 결정하기 위해서는 45번의 시합을 해야 한다. 왜냐하면 한 경기가 있으면, 한 편이 이기고 다른 한 편은 질 수밖에 없다. 그리고 토너먼트 전이므로 경기가 1개 있는 동안에 1개의 학교가 그 후의 시합에 출전할 수 없게 된다. 결국 진 학교의 수만큼 경기 수가 있는 것이다. 이 대회에서도, 우승한 학교는 1개 있고, 우승하지 못한 45개의 학교가 있으므로 45번이 답이 된다.

$23 + 11 + 6 + 3 + 1 + 1 = 45$

[정답] 45번

180 ★★★★★ 경기의 수는?

직관적 통찰	정보의 조직화	공간화/시각화	수학적 추상화	귀납적 사고	연역적 사고	일반화 적용	반성적 사고
			●			○	○

다음 그림과 같이 하면 된다.

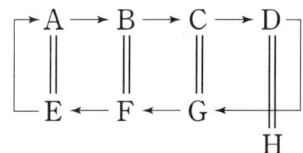

그림에서 굵은 선으로 묶인 두 사람이 1번씩 시합을 하면, 남은 시합은 A에서 G를 화살표와 같은 순서로 회전만 시키면 된다. 이 방법에 따라 가능한 시합을 써보면, 다음과 같이 된다.

1번째: A-E, B-F, C-G, D-H
2번째: E-F, A-G, B-D, C-H
3번째: F-G, E-D, A-C, B-H
4번째: G-D, F-C, E-B, A-H
5번째: D-C, G-B, F-A, E-H

6번째: C−B, D−A, G−E, F−H
7번째: B−A, C−E, D−F, G−H

정답 할 수 있다.

★★★★★
181

누구와 경기하였을까요?

직관적 통찰	정보의 조직화	공간화/ 시각화	수학적 추상화	귀납적 사고	연역적 사고	일반화 적용	반성적 사고
	◉	○					○

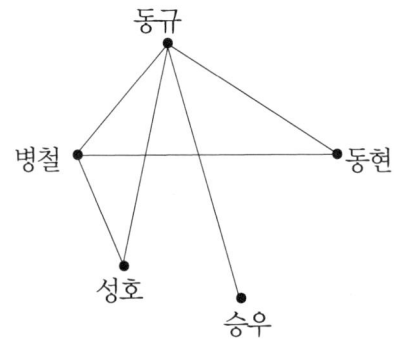

선수들을 평면 위의 점으로 표시하고 두 사람이 시합하였으면 두 점을 선으로 연결하고, 그렇지 않을 시에는 연결하지 않는다.

① 동규는 4번의 경기를 했으므로 모두와 연결한다.
② 승우는 1번의 경기만을 하였으므로 더 이상 선으로 연결할 수 없다.
③ 병철이는 3번의 경기를 진행하였으므로 승우를 제외한 나머지 둘인 동현, 성호에게 연결한다.
④ 이렇게 하면 성호와 동현의 시합은 자동으로 완성된다.

정답 2번, 동규와 병철이

풀이

★★★★★ 182 로봇이 가는 길

직관적 통찰	정보의 조직화	공간화/시각화	수학적 추상화	귀납적 사고	연역적 사고	일반화 적용	반성적 사고
			●	○		○	

굵은 검은색 선이 하나밖에 없다면 처음 교차로에 도착했을 때 그 로봇은 세 가지방법(왼쪽, 오른쪽, 직진)으로 갈 수 있다. 2번째 교차로에 도착했을 때, 로봇은 그가 왔던 그 길로 갈 수 없기 때문에 2가지 길 중에 하나를 선택해야 한다. 그러므로 갈 수 있는 방법은 6가지(=3×2)이다. 굵은 검은색 선의 개수가 2개로 늘어난다면, 길을 선택하는 방법은 36이다. 그러므로 우리는 규칙을 찾을 수 있고 5개의 굵은 검은색 선이 있다면 길을 선택하는 방법은 7776(=6×6×6×6×6)가지가 된다.

정답 7776가지의 방법

★★★★★☆ 183 돼지의 수

직관적 통찰	정보의 조직화	공간화/시각화	수학적 추상화	귀납적 사고	연역적 사고	일반화 적용	반성적 사고
	○		●				○

남는다는 것과 모자란다는 것은 상대적인 개념이다. 얼마 '남는가' 하는 것은 거꾸로 얼마 '모자라는가' 하는 문제로 바꿀 수 있다. 예를 들면 3마리씩 세면 2마리 남는다는 것을 3마리씩 세면 1마리 모자란다는 뜻으로, 4마리씩 세면 3마리 남는다는 것은 4마리씩 세면 1마리 모자란다는 것으로, 5마리씩 세면 4마리 남는다는 것을 5마리씩 세면 1마리 모자란다는 것으로, 6마리씩 세면 5마리 남는다는 것을 6마리씩 세면 1마리 모자란다는 것으로 볼 수도 있다. 이로부터 만일 돼지 수를 1마리씩 더하면 3마리씩, 4마리씩, 5마리씩, 6마리씩 돼지 수가 맞아 떨어지게 된다는 것을 알 수 있다. 그러므로 돼지 수가 1마리 더해졌다고 가정한 다음 3, 4, 5, 6의 최소공배수를 구하면 곧 답안을 얻을 수 있다.

3, 4, 5, 6의 최소공배수가 60이므로 60에서 증가되었다고 가정한 1마리를 빼면 원래 돼지가 적어도 60−1=59(마리)라는 것을 알 수 있다.

정답 적어도 59마리

★★★★★☆
184

패스 연습

직관적 통찰	정보의 조직화	공간화/ 시각화	수학적 추상화	귀납적 사고	연역적 사고	일반화 적용	반성적 사고
	○	●	○				

매번마다 3가지 가능성이 있으며 곱의 법칙에 의해 모두 $3 \times 3 \times 3 \times \cdots \times 3$가지 패스 방법이 있다. 그런데 이것은 $n-1$번째 만에 공이 ㄱ의 손에 들어가는 것이므로 이것은 조건에 맞지 않다. 왜냐하면 n번째 만에는 공을 철수에게 던져줄 수 없기 때문이다.

따라서 다음과 같이 나타낼 수 있다.

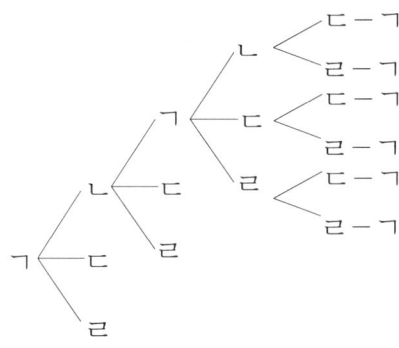

정답 54가지

풀이

185 ★★★★★ 길찾기 1

직관적 통찰	정보의 조직화	공간화/시각화	수학적 추상화	귀납적 사고	연역적 사고	일반화 적용	반성적 사고
		●			○	○	

파스칼의 삼각형 구하는 합의 방법을 적용하면 된다. 따라서 문제에서 왼쪽 그림은 10가지 방법이 있다.

그리고 문제에서 오른쪽 그림은 14가지 방법이 있다.

정답 10가지, 14가지

186 ★★★★★ 길찾기 2

직관적 통찰	정보의 조직화	공간화/시각화	수학적 추상화	귀납적 사고	연역적 사고	일반화 적용	반성적 사고
		●			○	○	

$$\frac{(가로+세로\ 칸의\ 수)!}{(가로\ 칸의\ 수)!+(세로\ 칸의\ 수)!} = \frac{40!}{20! \times 20!}$$

정답 $\dfrac{40!}{20! \times 20!}$

Tip $20! = 20 \times 19 \times 18 \times \cdots \times 2 \times 1$

187 ★★★★★ 주사위의 합

직관적 통찰	정보의 조직화	공간화/시각화	수학적 추상화	귀납적 사고	연역적 사고	일반화 적용	반성적 사고
	○		●			○	

가능한 경우를 모두 표로 만들어 보면

1-1	1-2	1-3	1-4	1-5	1-6
2-1	2-2	2-3	2-4	2-5	2-6
3-1	3-2	3-3	3-4	3-5	3-6
4-1	4-2	4-3	4-4	4-5	4-6
5-1	5-2	5-3	5-4	5-5	5-6
6-1	6-2	6-3	6-4	6-5	6-6

8이 나올 경우는 5가지, 7이 나올 경우는 6가지이다. 따라서 계속 던지면 7이 나올 확률이 더 커진다.

정답 7

★★★★★ 검은색 바둑돌
188

직관적 통찰	정보의 조직화	공간화/ 시각화	수학적 추상화	귀납적 사고	연역적 사고	일반화 적용	반성적 사고
	○		◉			○	

바둑돌을 꺼냈을 때를 조합해보면 다음과 같다.

검은색-검은색	검은색-흰색	흰색-검은색	흰색-흰색

이 조합 중에서 검은색이 나오지 않을 경우는 흰색-흰색의 경우 밖에 없으므로 최소 1개 이상 검은색을 꺼낼 경우는 $\frac{3}{4}$이다.

정답 $\frac{3}{4}$

★★★★★☆ 공의 색깔은?
189

직관적 통찰	정보의 조직화	공간화/ 시각화	수학적 추상화	귀납적 사고	연역적 사고	일반화 적용	반성적 사고
	○		◉			○	

4개의 공을 2개씩 짝을 지으면 다음 6가지의 방법이 나온다.

빨간색-빨간색	빨간색 1-흰색	빨간색 1-검은색
빨간색 2-흰색	빨간색 2-검은색	흰색-검은색

흰색과 검은색의 조합을 생각하지 않으면 5가지의 조합이 남는다. 그러므로 빨간색-빨간색의 조합만 생각해야 하므로 가능성은 $\frac{1}{5}$이다.

정답 $\frac{1}{5}$

풀이

★★★★★☆ 동전던지기

190

직관적 통찰	정보의 조직화	공간화/ 시각화	수학적 추상화	귀납적 사고	연역적 사고	일반화 적용	반성적 사고
	○		◉			○	

첫 번째 동전도, 두 번째 동전도, 세 번째 동전도, 네 번째 동전도, 다섯 번째 동전도 모두 앞면 또는 뒷면이 나올 수 있다. 그리고 동전이 떨어져 나올 수 있는 방법에는 32(2×2×2×2×2)가지가 있다.

32가지의 다른 방법은 다음과 같이 결과를 분석해 적을 수 있다.

① 모두 앞면(1가지):　앞앞앞앞앞

② 모두 뒷면(1가지):　뒤뒤뒤뒤뒤

③ 4개는 앞면, 1개는 뒷면(5가지):
　앞뒤뒤뒤뒤,　뒤앞뒤뒤뒤,　뒤뒤앞뒤뒤,　뒤뒤뒤앞뒤,　뒤뒤뒤뒤앞

④ 4개는 뒷면, 1개는 앞면(5가지):

⑤ 3개는 앞면, 2개는 뒷면(10가지):
　뒤뒤뒤앞앞,　뒤뒤앞앞뒤,　뒤앞앞뒤뒤,　앞앞뒤뒤뒤,　앞뒤뒤뒤앞,
　앞뒤뒤앞뒤,　앞뒤앞뒤뒤,　뒤앞뒤앞뒤,　뒤앞뒤뒤앞,　뒤뒤앞뒤앞

⑥ 3개는 뒷면, 1개는 앞면(10가지):

위와 같이 ①, ②, ③, ④(12가지)는 가능하고, ⑤, ⑥(=20가지)은 불가능하다. 그러므로 가능성은 32중에 12번, 즉 $\frac{3}{8}$이다.

정답 $\frac{3}{8}$

191 ★★★★★★ 수학자의 추론

직관적 통찰	정보의 조직화	공간화/시각화	수학적 추상화	귀납적 사고	연역적 사고	일반화 적용	반성적 사고
●	○						○

그의 추론에는 오류가 있다. 달랑베르는 그의 분석을 충분히 전하지 못해서 오류가 발생했다. 위의 세 경우는 실현 가능성이 없고 실현 가능성이 있는 단 한 가지 경우는 세 번째 경우에서 처음 동전을 던져 앞면이 나왔더라도 동전을 새로 던지는 것이다. 그래서 사실 세 번째 경우에는 2가지의 경우가 나와 3번째와 4번째 경우가 된다. 그러므로 가능한 4가지 경우는 다음과 같다.

① 첫 번째도 뒷면, 두 번째도 뒷면
② 첫 번째는 뒷면, 두 번째는 앞면
③ 첫 번째도 앞면, 두 번째도 앞면
④ 첫 번째는 앞면, 두 번째는 뒷면

위와 같이 4가지 경우 중 3가지 경우가 가능하다. 그러므로 동전 2개를 던져 앞면이 최소 1개가 나올 확률은 $\frac{3}{4}$ 이다.

정답 그렇지 않다.

192 ★★★★★★ 양말 찾기

직관적 통찰	정보의 조직화	공간화/시각화	수학적 추상화	귀납적 사고	연역적 사고	일반화 적용	반성적 사고
	○		●			○	

서랍에는 흰색 양말 세 짝과 검은색 양말 한 짝이 있을 뿐이다.
3짝의 흰색 양말과 한 짝의 검은색 양말일 경우는 다음과 같다.

흰색 1-흰색 2	흰색 2-흰색 3	흰색 3-흰색 1
흰색 1-검은색	흰색 2-검은색	흰색 3-검은색

풀이

여섯 중 3개의 조합이 흰색 양말 한 켤레이므로 조건의 $\frac{1}{2}$가 성립한다.

그러나 서랍에 흰색 양말 2짝과 검은색 양말 2짝일 경우는 다음과 같다.

| 흰색 1-흰색 2 | 검은색 1-검은색 2 | 흰색 1-검은색 1 |
| 흰색 1-검은색 2 | 흰색 2-검은색 1 | 흰색 2-검은색 2 |

흰색 양말 한 켤레가 나올 가능성은 $\frac{1}{6}$이므로 문제의 조건에 맞지 않다.

정답 검은색 양말일 가능성은 없다.

★★★★★☆
193
최선의 선택

직관적 통찰	정보의 조직화	공간화/ 시각화	수학적 추상화	귀납적 사고	연역적 사고	일반화 적용	반성적 사고
			●	○			○

① 첫 번째 선택 고수 → $\frac{1}{4}$

② 첫 번째 바꾸고 두 번째 바꾸지 않음 → $\frac{3}{8}$

③ 첫 번째 바꾸지 않고 두번째 바꿈 → $\frac{3}{4}$

④ 두 번 다 바꿈 → $\frac{5}{8}$

이므로 두 번째 바꾸는 것이 가장 유리하다.

정답 ③ 첫 번째 기회에서는 바꾸지 않고 두 번째에 바꾼다

194 ★★★★★☆   인체의 황금비

직관적 통찰	정보의 조직화	공간화/시각화	수학적 추상화	귀납적 사고	연역적 사고	일반화 적용	반성적 사고
		○	◉	○			

① 배꼽의 위치와 사람의 몸 전체
② 어깨의 위치와 배꼽 위의 상반신
③ 무릎의 위치와 배꼽 아래 하반신
④ 코의 위치와 어깨 위의 부분
⑤ 손가락 뼈 사이
⑥ 얼굴 너비와 폭의 비

---

195 ★★★★★★   아르키메데스의 묘비

직관적 통찰	정보의 조직화	공간화/시각화	수학적 추상화	귀납적 사고	연역적 사고	일반화 적용	반성적 사고
◉		○	○				

원뿔에 물 등을 채워서 기둥에 3번 부으면 가득 찬다. 여기까진 일반 상식 선상에서 원뿔과 원기둥 부피비가 1:3인 것을 설명하는 말이다.
구의 경우를 살펴보자.

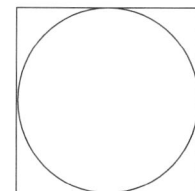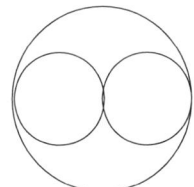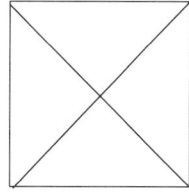

왼쪽은 원기둥과 그에 내접하는 구의 단면도이며, 가운데와 오른쪽 그림은 원기둥과 내접하는 원뿔 2개를 아래위로 붙여놓은 것을 세로로 자른 단면도이다.
계산을 해보면, 같은 위치에 있는 것의 단면의 넓이는 같다는 사실을 구할

풀이

수 있다. 기둥의 부피는, 밑면×높이인데, 이는 밑면과 같은 단면이 높이만큼 있기 때문이다. 이를 약간 변형하면, '단면의 넓이가 같고 높이가 같은 도형의 부피는 같다'라는 결론을 얻을 수 있다. 이 원리는 카발리에리의 원리라고 부른다. 즉, 오른쪽에 하늘색 부분의 부피를 계산하면 왼쪽에 있는 구의 부피 역시 계산할 수 있다는 생각이다.

오른쪽의 녹색부분은, 앞에서 계산한 $\frac{1}{3}$값이 된다.

그러므로, 하늘색 부분은 전체의 $\frac{2}{3}$

따라서 원기둥 : 구 : 원뿔 = 3 : 2 : 1 이라는 결론을 얻어내게 된다.

정답 3 : 2 : 1

196 ★★★★★★ 제논의 역설

직관적 통찰	정보의 조직화	공간화/ 시각화	수학적 추상화	귀납적 사고	연역적 사고	일반화 적용	반성적 사고
◉					○	○	

0.5초 뒤에 토끼는 거북이보다 10m 뒤에 있고, 0.25초 뒤에 토끼는 거북이보다 5m 뒤에 있다. 0.125초 뒤에 토끼는 거북이보다 2.5m 뒤에 있다. 0.0625초 뒤에 토끼는 거북이보다 1.25m 뒤에 있다. 이런 식으로 아무리 가도 토끼는 거북이를 못 따라 잡으므로 거북이가 토끼보다 빠르다.

결국 가장 빠른 다리를 가진 토끼는 그 보다 앞에 있는 거북이를 따라잡는 것은 불가능하다. 왜냐하면, 토끼가 원래 거북이가 있던 자리까지 왔을 때는 거북이는 전의 위치보다 앞으로 갔기 때문이다. 다음에 다시 토끼가 그 때 거북이가 있던 자리까지 왔을 때는 거북이는 다시 조금 앞으로 나아가 있다. 결국 토끼는 거북이를 따라갈 수 없다.

정답 불가능하다.

★★★★☆☆ **197** 호텔 지배인의 장사 수단

직관적 통찰	정보의 조직화	공간화/시각화	수학적 추상화	귀납적 사고	연역적 사고	일반화 적용	반성적 사고
◉	○				○		

먼저 1호실 손님에게 컴퓨터 프로그램 오류로 인해 객실을 잘 못 안내했다고 하면서 2호실로 옮겨 달라고 양해를 구하고 새로 온 손님을 1호실로 안내한다. 그러면 새로 온 손님은 일단 방을 배정 받게 될 것이다. 물론 1호실 손님이 2호실로 들어가기 위해서는 2호실 손님이 3호실로 옮겨야 한다. 이런 방법을 계속해 나가면 손님들이 방을 옮기다가 날이 샐 것이고 그 때는 이미 체크아웃하며 퇴실해 버릴 손님도 생길 것이기 때문에 방이동 문제는 더 이상 필요하지 않게 된다.

많은 손님이 오게 되면 우선 이미 호텔에 있는 사람들에게 자기 방 번호의 두 배에 해당되는 방으로 옮기라고 안내 방송을 하면 해결된다. 즉, 1호실에 있던 사람은 2호실로, 2호실에 있던 사람은 4호실로, 3호실에 있던 사람은 6호실로 이렇게 계속 옮기면 기존에 있던 호텔 사람 수 만큼의 홀수 번호 방들이 비워지게 된다. 여기에 새로 호텔에 온 수 많은 사람들에게 1, 3, 5…번과 같이 홀수 번호를 부여하고 각자 해당되는 방으로 들어가라고 하여 빈 방을 채워간다면 방 문제가 쉽게 해결된다.

★★★★★☆ **198** 마지막 소원

직관적 통찰	정보의 조직화	공간화/시각화	수학적 추상화	귀납적 사고	연역적 사고	일반화 적용	반성적 사고
◉	○				○		

제자는 '나의 마지막 소원은 선생님이 수학 수업을 하기 전에 잡아먹히는 것입니다.'라고 했다. 식인종들은 학생의 소원도 들어 주어야만 했으므로 고민에 빠졌다. 선생님의 소원을 들어주려면 학생에게 수학 수업을 듣게 해야 하고, 학생의 소원을 들어주려면 수업하기 전에 죽여야 했기 때문이

다. 결국 그들을 죽일 수 없었다.

199 ★★★★★☆ 아리스토텔레스의 바퀴

직관적 통찰	정보의 조직화	공간화/ 시각화	수학적 추상화	귀납적 사고	연역적 사고	일반화 적용	반성적 사고
◉					○	○	

큰 바퀴 위의 점은 항상 선분 BE 위에서 회전하고 있고, 작은 바퀴의 점도 큰 바퀴의 반경 위에 있으므로 이것 역시 선분 CF 위에 있다고 할 수 있다. 그러나 이 수수께끼는 정육각형을 회전시켜 보면 풀린다.

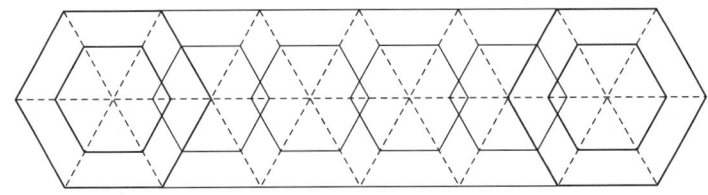

작은 정육각형의 변은 밀착하지 않고 점프를 하면서 6개의 점프를 하는 구간이 생기게 된다. 떨어진 채 점프하면서 굴러간 셈입니다. 변의 개수를 아주 크게 늘려서, 이번에는 정십만각형의 경우를 생각해 보면, 작은 바퀴의 회전의 자취는 십만 개의 변을 합친 길이와 십만보다 1적은 99999개의 겹쳐지는 구간으로 이루어지고 있는 셈입니다.

200 ★★★★★★ 교수형 패러독스

직관적 통찰	정보의 조직화	공간화/ 시각화	수학적 추상화	귀납적 사고	연역적 사고	일반화 적용	반성적 사고
◉	○				○		

일단 토요일에 시험을 치지 않을 것이라는 예측은 맞다. 월요일부터 금요일까지 시험을 치지 않았다면 당연히 토요일에 시험을 칠 것이라는 것이

예측이 되기 때문에 토요일에는 시험을 칠 수 없다고 생각할 수 있다. 그러나 금요일에 시험을 칠 수 없다는 논리는 뒤에서부터 생각하기 때문에 생긴 오류이다. 금요일까지 가지도 않고 토요일에 시험을 치지 않는다고 확신할 수 있을까? 이것이 확신되지 않으면 당연히 금요일에 치지 않는다는 것도 확신할 수 없다. 금요일을 예측한다는 것은 '토요일이 안되므로' 라는 것이 참이어야 말할 수 있는 점이다. 따라서 언제 시험을 치를지 알 수 없다. 따라서 열심히 공부해야 한다.

논리
퍼즐

지은이	류성림·지경구·박기훈
펴낸이	조경희
펴낸곳	경문사
펴낸날	2011년 1월 2일 1판 1쇄
	2022년 2월 28일 1판 3쇄
등 록	1979년 11월 9일 제1979-000023호
주 소	04057, 서울특별시 마포구 와우산로 174
전 화	(02)332-2004 팩스 (02)336-5193
이메일	kyungmoon@kyungmoon.com

ISBN 978-89-6105-341-9
ISBN 978-89-6105-406-5 (세트)

값 12,000원

★ 경문사의 다양한 도서와 콘텐츠를 만나보세요!

	홈페이지	www.kyungmoon.com	페이스북	facebook.com/kyungmoonsa
	포스트	post.naver.com/kyungmoonbooks	블로그	blog.naver.com/kyungmoonbooks
	북이오	buk.io/@pa9309	유튜브	https://www.youtube.com/channel/UClDC8x4xvA8eZlrVaD7QGoQ

경문사 출간 도서 중 수정판에 대한 **정오표**는 **홈페이지 자료실**에 있습니다.